天河世纪
GALAXY

The Galaxy books

风继续吹

张国荣全传

赵彤彤◎著

金城出版社
GOLD WALL PRESS
· 北京 ·

图书在版编目（CIP）数据

风继续吹 ： 张国荣全传 / 赵彤彤著. — 北京 ： 金城出版社有限公司，2021.7
ISBN 978-7-5155-2198-5

Ⅰ.①风… Ⅱ.①赵… Ⅲ.①张国荣（1956-2003）—传记 Ⅳ.①K825.7

中国版本图书馆CIP数据核字（2021）第087820号

风继续吹 ： 张国荣全传

作　　者	赵彤彤
责任编辑	杨　超
责任校对	欧阳云
开　　本	880 毫米×1230 毫米　1/16
印　　张	17
字　　数	180 千字
版　　次	2021年7月第1版
印　　次	2021年7月第1次印刷
印　　刷	三河市腾飞印务有限公司
书　　号	ISBN 978-7-5155-2198-5
定　　价	68.00元

出版发行	**金城出版社有限公司** 北京市朝阳区利泽东二路 3 号 邮编：100102
发 行 部	（010）84254364
编 辑 部	（010）64214534
总 编 室	（010）64228516
网　　址	http://www.jccb.com.cn
电子邮箱	jinchengchuban@163.com
法律顾问	北京市安理律师事务所　（电话）18911105819

序

张国荣是才华横溢的歌星，亦是性格多面的演员，他也是最具真性情及大胆忠实于自己生活的艺人之一。他的生命和香港流行文化及历史的盛衰起落紧密联系着，也唯有香港这样特殊历史文化背景的城市，才能孕育出像他这样的演艺者。

1956年，张国荣出生在香港一个富裕的家庭，但是他从小却没有过多地感受到父母给予的家庭温暖。张国荣曾坦言：我这辈子最亲近的人就是家里的保姆六姐。13岁的他便独自去了英国念书，当时他的梦想是成为设计师。回国后，好强的他不愿意用家里的钱，于是他曾卖过鞋、牛仔裤谋求生计。后因为偶然的机会进入娱乐圈。

他于1977年出道，但他曾经一上台场下全是嘘声，专辑一块钱打折处理都无人问津，后在乐坛摸爬滚打、深耕细作了7年后，1984年因*Monica*才真正走红，后诸多音乐作品获得无数奖项与殊荣——“香港最受欢迎男歌星奖”、CCTV音乐盛典“最杰出艺人奖”……

但是就在歌唱事业达到全盛时，他却出人意料宣布告别歌坛。也就是在同一时期，他被邀请参演罗志良导演的电影，但是连他自己都没有想过最终会变成这部电影的主演，也因此在电影领域一发不可收。

《倩女幽魂》、《当年情》、*Monica*、《沉默是金》、《有谁共鸣》、《为你钟情》、《风继续吹》、《风再起时》……星途漫漫，骊歌坦坦。张国荣用心唱着每一首歌，那些歌悦耳动听，饱含深情，总能在某时某刻触动你我的内心，也正因如此才能被传唱至今。他是实力派歌星，他的歌声没有在岁月流转中消失，反而如美酒般历久弥香。

张国荣一生中也拍过很多戏，很多经典形象至今无人能超越——书生宁采臣、戏子程蝶衣、愤青阿飞、盗贼James、卧底宋子杰……他精彩绝伦地驾驭着不同身份、年龄的角色，各种不同角色被他演绎得极其鲜活，好像真实发生过的一般。

演一场风华绝代，歌一曲人生之旅。

短短的26年演艺生涯，46载人生岁月，是何其短暂，又何其灿烂。时间见证了他的辉煌，也给我们留下不可磨灭的记忆。他的每一副清澈容颜，每一首歌曲和每一个影视角色，铸就了那个年代一道最亮丽的风景。

当往事成风，岁月呼啸而过。离开并不代表结束，或许也是另一种意义上的美好延续！当某个不眠的深夜，他的歌声依然会回荡在你的耳边，闭上双眼还是可以看到他那熟悉的身影。因为他已经被我们深深铭记在心底，镌刻在脑海。“哥哥”这两个字对他的很多歌迷、影迷来说已成为无可替代的信仰符号。

此刻你无论是在午后的咖啡厅，还是身处人潮汹涌的地铁站，张国荣的故事都会穿过时光，闪烁在你的眼前。读过他的故事，请你也像鸟一样，飞向你的山峰。

目录
CONTENTS

Part 5

星辉·聚光灯下的万人迷

Part 6

烟火·桀骜不羁正当红

穿越时光洪荒，
让我们把镜头回放，来到初始。

光影

童年往事

Part 1

洋服店老板家的十仔

穿越时光洪荒，让我们把镜头回放，来到初始。

1956年9月12日，在香港北岸湾仔的一栋普通房子中，一阵清脆的啼哭声响起。张国荣在这里出生了，或许这一天和其他日子并没什么区别，但谁都无法想到，他的降临，日后会成为这个城市那个时代绕不开的重要符号，属于他的最独一无二的“黄金时代”即将由此拉开序幕。

那时的香港是一个动荡、缥缈，又如梦似幻般的传奇城市。20世纪50年代初，正是香港从一个“小渔村”转变为国际金融中心的开始。在特殊的历史背景下，香港借助得天独厚的地理优势于二战后在经济上飞速发展，文化上形成了中西交融的多样化形态。

光年稀疏，记忆模糊，转眼已过几十载，太多的往事，都已淹没在时间的无情前进中。不过不远处，隐约听到，有人轻轻唤他，十仔。

张国荣出生在一个富裕的中产大家庭中，兄弟姐妹中他排行第十，家人叫他“十仔”。老三、老四和老九都夭折了，所以他有六个哥哥、姐姐。也许有人会惊异于他居然有这么多兄弟姐妹，但是在那个年代，这是很稀松平常的事情。

张国荣的父亲是香港小有名气的“洋服裁缝大王”张活海。张活海从小在广州长大，他的父亲是一名建筑工人。中学毕业后，他去了厦门做裁缝学徒，然后又到上海工作。18岁的时候，他独立缝制了职业生涯里的第一套西服。

20世纪30年代，张活海来到香港，凭借勤恳的劳作和灵活的经商头脑，白手起家在皇后戏院大厦创办了一家洋服店铺，取名“西服家张活海”。张活海口碑、名气与日俱增，慢慢积累了不少家财。

关于张活海，有这样一个故事广为流传，据说这是他生意兴隆的转折点。好莱坞巨星加里·格兰特要定制两件上衣，要求用顶级羊绒且必须48小时内做好，约定价格为2400港币。约定时间内，张活海连夜赶制上衣，随后急匆匆地赶去加里·格兰特所住的酒店。当加里·格兰特试穿了新上衣后，他非常满意，原以为银货两讫，谁知张活海又还了400港币给他。

张活海坦言，因为顶级羊绒缺货，所以用的不是顶级羊绒，这样料子成本降低，才主动退一部分钱。张活海还提到，衣服拿过来如果加里·格兰特不满意的话，他是打算把全款都退回的。没想到加里·格兰特听后非但没有责怪张活海，反而非常高兴，称赞他是个诚实的商人，之后给他介绍了更多的圈内明星朋友。由于张活海做的服装都是当时好莱坞最新的时尚款式，因此受到影剧界艺人的特别欢迎。此后他名声大噪，客人接踵而至，生意自然是越来越好。张国荣后来提起父亲时，便说他是个极有生意头脑的人。

十仔有这样一个有钱、有人脉的父亲，家里的物质条件自然很好，生活也十分优越。但是，对于幼小的孩子来说，没有什么贫富的概念，他关心的是能得到父母的更多关爱，以及有同龄小伙伴陪他玩罢了。由于工作繁忙，父亲和母亲没有同孩子们住在一起，他们住在洋服店里忙着打理店里的生意，家人聚少离多，小十仔很想他们。

张国荣的母亲名叫潘玉瑶，很早就嫁给张活海，她日常的工作就是帮丈夫打理琐事。在接连生下了这么多孩子后，潘玉瑶容颜渐老，丈夫的生意越做越好，夫妻间的关系却日渐疏远。张活海经常在外面“拈花惹草”，后来又娶了一位姨太太加入这个家庭。潘玉瑶心中有怨，但也束手无策。

后来，张国荣回忆儿时的生活曾说过：“很多人都认为，我小时候不跟爸爸妈妈住在一起是不大可能的事情，但偏偏碰巧就这么有可能发生在我的身上。现在我说这些可以用过去时了，可能就没有那种心酸，没有那种不开心了，都人到中年了，就不应该太在意自己的过去了。”

当年张家的兄弟姐妹们是和外婆住在一处的，可是十仔和其他兄弟姐妹的年龄差太多，所以玩不到一起去。十仔是家里最小的孩子，往上跟与他年龄最近的八哥还差着8岁。大姐和二姐差不多大，五姐和六姐年龄相当，七哥和八哥一起出去玩，十仔就落单了。家中没有同龄的孩子，十仔在成长过程中难免有些孤独，照顾他的佣人六姐反而是那个对他关爱最多的人，渐渐地，成为他视为亲人一般的人。

六姐无微不至地照顾着年幼时的张国荣的生活，会带着他去坐电车，带他去游泳，接送他上学等。后来张国荣说：“她对我嘘寒问暖，把我从小带大，是健康又愉快的工人。这位工人在我心目中已经不是工人，地位已超越我母亲，我非常珍惜六姐，我觉得亲密情人失去后可以再找，但如果她突然消失，我指的是百年归老，我会非常伤心，她是我一生之中对我最好的女人。”

十仔小时候喜欢游泳，有一次六姐带他去游泳，途中碰见了父亲及陪同友人。由于十仔非常漂亮，大大的眼睛像个洋娃娃一样，友人连连称赞，而本不常见的父子偶然相遇却没有太多想交流的话语，父亲只是摸了摸小十仔的头，然后给了他一大把硬币。那时的哥哥曾说过："我同爸爸都不熟的。"

转眼间十仔已经6岁，那一天他像以往一样，在放学时欢快地跑向六姐，但是六姐似乎和平时不太一样，神色严肃地拉着他往回走。路上，六姐对他说："一会儿你不要害怕，婆婆睡着了。"十仔不明所以。外婆60岁的时候就已经瘫痪了，如今已经75岁了。从十仔出生后外婆就一直是躺着的，在他的印象中，外婆不是躺在床上就是躺在藤椅上，总是迷迷糊糊地睡觉，所以他对六姐的话不甚明了。后来他才知道外婆是去世了，这是小十仔第一次直面死亡，但他还不明白什么是死亡，外婆看上去就像是睡着了，和以往一样安静，只不过这一次是永远安眠。

多年之后，张国荣曾说他不怎么记得童年的事情，只有外婆去世给他留下了很深刻的印象，因为那是他第一次目睹别人的死亡。

张国荣的童年是孤独的，因为工作忙忙碌碌的父亲、郁郁寡欢的母亲以及因为年龄差距有代沟的兄弟姐妹。他只能在佣人六姐身上找到属于自己的那份关爱。

十仔大一点的时候，会去父亲的洋服店帮忙。张活海的洋服店越办越好，进进出出的都是当红的大明星，所以十仔接触的自然都是流行前沿的时尚文化。上层社会的礼仪文化、谈吐气质、精致的生活习惯，对张国荣产生了很大的熏陶作用，对他日后完美主义性格的形成有着重要影响。

手足亲缘

虽然张国荣兄弟姐妹很多，但即使成名后他也很少在公众面前透露他们的信息，只有大姐张绿萍的名字是大家所知的。原因一方面是他非常注重保护家庭隐私，不希望家人们被打扰；另一方面也是父母和众多哥姐各有不同的事业，长大后彼此间联络变少。

在众多兄弟姐妹中，大姐和八哥对年少的张国荣照顾颇多。八哥虽然只比张国荣大8岁，但是却非常疼爱这个弟弟。开始的时候八哥的身体是很健壮的，当过海童军，后来慢慢地发福了，体态臃肿，因此张国荣经常会拿八哥胖胖的身材开玩笑。

小时候的张国荣有一台卡通放映机，就是八哥给他买的。那一次是家人一起逛街，遇到一个摆摊卖玩具的，摊子上的卡通放映机正播放着卡通片，张国荣见了非常喜欢，凑到跟前左看右看。八哥见他喜欢，就问了问价格，一问竟然要38元，按照当时的物价水平来说，这真是个大数目了。家里人都觉得，区区一个玩具还这么贵，就没买，张国荣伤心地哭了。后来，还是八哥用打工赚来的钱给他买了这台卡通放映机。

大姐从小就开始照顾弟弟妹妹，渐渐养成了严厉的性格。有一次张国荣又犯错了，大姐说他他不听，气得大姐抄起衣服架就追着打。八哥见了立刻冲过去拦着，用身体护着弟弟不让大姐打。一见有人拦着，大姐反倒更加生气了，衣架打坏了就随手找了根皮带。八哥见状，也生气了，一把抢过皮带。大姐看没有武器了，气得连玻璃樽都举起来了。

不过张国荣和七哥的关系一直不太好，因为年幼，七哥经常欺负他。小十仔特别喜欢游泳，一次大姐带着弟弟妹妹们以及自己的男朋友一起去游泳。张国荣戴着泳圈和大姐坐在泳池的一张浮床上。七哥的性格跳脱，他在浮台上看到张国荣和大姐，也想到浮床上来，于是突然跳了上去，浮床一下子翻了，张国荣和大姐都掉进了水里。七哥看浮床翻了，他还不太会游泳，竟然自私地把张国荣的泳圈抢了过去，自己游回岸上。虽然周围有很多哥哥还有未来姐夫，的确不会出什么危险，但张国荣还是很生气。

对于七哥，张国荣记忆最深的一件事，是有一次他们一起睡一个房间，为了节省空间，他们睡的是三层的铁床。张国荣是最小的，当然睡在最下层比较安全，七哥睡二层，八哥睡顶层。没到睡觉的时间，七哥就喊张国荣去顶层，说要玩个“大风浪”游戏。张国荣不知道是什么，于是就听话地爬到了顶层，没想到七哥开始一边晃着床，一边用脚踢顶层的床板，还大声地喊着“很大浪啊，很大浪……”张国荣拼命地想稳住身体，可最后还是从顶层摔到了地上。那么高的床，张国荣摔得浑身都痛，庆幸的是，没出什么大问题。为此，八哥和七哥打了一架。八哥是对张国荣最好的哥哥了。

每次回想起这件事，张国荣都会开心地笑出声，这是他爱的回忆。他当时没想到八哥会为了他和大姐理论，甚至还为了保护他和大姐大打出手，大姐大的威严可是所有人都不敢“挑衅”的。

张国荣在采访中回忆道：“我现在说的时候，这些往事都已成为过去时，没有了那时的心酸，没有那么不开心。但还是有些不愉快。”

虽然张国荣生在一个物质富足之家，从小衣食无忧，本可享受欢快童年，但缺少父母之爱、兄弟姐妹之爱，大部分的时光是在孤独中度过的。

学生张发宗

时光流转，张国荣到了上学的年纪，家里把他送到了湾仔船街的圣路琦小学。他之前上的是幼儿园小班，随后跳级进入小学一年级。因为大姐张绿萍和姐夫都在这里任教，学校给他开了“绿灯”，但是跳级后的他，成绩有点跟不上，只好再念一个一年级。对此，张国荣曾说：“我觉得一点也不奇怪，因为我比人家少学了一年，很多东西不明白，等于补读了幼儿园大班。”

“复读”一年后，张国荣的成绩慢慢跟上来了。白天在学校上课，晚上回家完成作业后还要练习中文的毛笔字和英文的钢笔字，大姐一有时间会辅导他的功课。

那时候的张国荣还不叫张国荣，家人给他起的名字是张发宗。他经常穿白衬衫、白短裤和白色及膝袜，精致的五官初显俊秀，温文尔雅、清新俊逸的小生形象已晨曦初露。只是因为比较爱运动，当时的他晒得有些黑。

在学校里，男孩子普遍喜欢上体育课，张国荣几乎什么运动都涉足，其中比较喜欢的是篮球和羽毛球。他的羽毛球打得不错，还曾经和校长对打过。那时张国荣穿双最新款阿迪达斯运动鞋，加上长得好看，在校园里格外惹人注目。

张国荣有两个要好的同学，巧的是其中一个姓刘、一个姓关，他们仨就好像是桃园三结义的刘关张三兄弟般，是最亲密无间的小伙伴。从一年级开始一直到中学，三个人的关系一直都很好，即使长大后也常常通电话、聊心事。

小学时张国荣的英文成绩比较好，得过全校第二名、第三名，他还喜欢英文诗歌朗诵，参加比赛的时候曾朗诵过莎士比亚的作品。随着年龄的增长和香港文化的开放，他渐渐地接触到了很多西方的电影和一些英文歌曲。他喜欢1954年雷纳托·卡斯特拉尼指导的电影《罗密欧与朱丽叶》，买回原声碟看了很多遍，看的时候能跟着念台词，莎士比亚的经典对白被他学得有板有眼，也许这就是他“演艺之路”的开端。

张国荣对于电影和音乐的喜爱以及艺术、时尚的天赋是与生俱来的，很小的时候已现端倪。当时台湾歌星姚苏蓉大火，她那明快的曲风，不仅在中国台湾、中国香港广泛流传，更在中国大陆引发众多关注。很多年后周杰伦在电影《不能说的秘密》中使用姚苏蓉唱的老歌《情人的眼泪》，再度引发大家的共鸣。

当时张国荣被姚苏蓉的歌声所吸引，他立刻买了姚苏蓉的唱片，回家后反复听并跟唱，那首经典的《今天不回家》，时隔多年他仍记忆犹新。电影《玉女含苞》的主题曲*Blue Balloon*也是他特别喜欢的歌曲，彼时的张国荣对一切新生事物充满着好奇，他或许不会想到未来的自己有一天能引领潮流。

张国荣看到一些时尚明星留着长头发，不禁跃跃欲试，于是冒着被教导主任发现的危险留了起来。那段时间，为了避开教导主任，张国荣总是从后门偷偷溜进教室。后来还是被发现了，心仪的发型也没能保住。

张国荣的体育老师比较胖，男同学们总会因此取笑他，有时候还会开些无伤大雅的玩笑，虽然没有什么恶意，但说起来有些不敬师长，张国荣就曾因此被教导主任训斥过。那一天，教导主任非常生气，对张国荣吼着："去把你家长给我叫过来！"

张国荣被学校停课两个星期在家，但父亲并没有太严厉地批评他。

不过张国荣得到了教训，此后再没有触犯过校规校纪，成了懂事听话的乖孩子。由于停课的时候刚好是春天，他还给自己总结了一个经验，即每年3月到5月是他比较倒霉的时候。

小学时代，是孩子对异性有初步认知的阶段，张国荣开始注意班里的女孩子。枯燥乏味的课程，闷热的教室，年少的张国荣会时常关注班里漂亮女孩子的背影，偶尔背着老师传个纸条都能让他高兴半天。

那时他特别喜欢一个头发长直、身材娇小的漂亮女孩子。那个女孩名叫邝满贤，两家的妈妈是认识的。不知怎么地，他竟冒出了想和女孩牵手的想法，后来他“得逞”了。

不识情爱的懵懂年纪，两小无猜自然是最单纯美好的感情。

可没过多久，两人上四年级的时候，因邝满贤全家移民去了加拿大，彼此就没有机会再继续“加深感情”了。上了中学之后，邝满贤也曾回国，张国荣赶紧约她见面，可惜的是，那时候两个人已不复从前了。邝满贤觉得张国荣怎么越来越黑瘦，还不如她高了，而张国荣纳闷，当年娇小的女孩怎么一下长得比自己还要高。两个人不知道一起能玩什么，约会便草草收场，这段青梅竹马的“初恋”无疾而终了。

很快便到了中学时期，那时张国荣就读于玫瑰岗中学，这所学校管理严格，男生和女生分开上课。此时的他一如既往地喜欢运动，每次学校组织的运动会他都会踊跃报名参赛。运动会是学生时代的男孩、女孩正大光明接触的最佳时机。在运动会上，张国荣认识了一个姓王的女孩，两个人因打羽毛球结缘，彼此产生好感。这段青葱岁月里，两个人度过了一段美好的时光。

此时，处于青春期的张国荣开始叛逆不羁起来，他渐渐对读书没什么兴趣了，除了英文成绩还不错，数学和其他科的成绩一直处于下游水平，家里给他请过家教，可成绩依然没有太多提高。中学一年级留了一级，读到初中二年级，又危险了，差点被留级，但最后因为家里关系没有留，他是被数学拖了后腿，仿佛永远都学不会数学一样。

父亲对此很生气。两父子平时的交流很少，唯一的交集就是因为张国荣的学习问题，所以不会有太愉快的谈话。“你要不要去国外读书？”父亲沉着脸问他。听到父亲的提议，张国荣没有问为什么，开始认真地思考起自己的未来，最后愉快地同意了。当时张国荣以为这是父亲对他的关爱，后来从叔叔那里了解到，是母亲提出让他去留学的。

在决定留学之后，家人很快开始选择国家，美国、法国、德国、加拿大……这些国家的留学手续相对烦琐，而英国因为和中国香港的特殊关系办理留学手续相对容易，那会儿刚好有一个同学想去英国留学，两个小伙伴就商议着一起申请去英国。

选好学校和专业，他又填了一份申请表寄过去。之后就等学校把考试题目邮过来，填好答案后邮回去。张国荣在当老师的大姐的帮助下，顺利通过了留学考试，英国方面在一个月后批复合格。随着张国荣的英国留学计划正式敲定，他在中国香港的学生生涯要落幕了。

上不完的课，无聊乏味的考试；纯粹的友情，朦胧的爱情，这一段学生时代的时光，美好又短暂。日子一天天过去，仿若流沙，小时候真傻，总盼望着长大。真正长大后，才发现长大有时候是一件“可怕”的事情，长大后才明白成年人的世界真正意味着什么。

马上就要脱离父亲管束离开家了，年少的张国荣对外面的世界充满着好奇与憧憬。英国是一个遥远的地方，那里是莎士比亚的家乡，到那里后会怎样呢？

留学英国的日子

20世纪六七十年代的中国香港，留学还是一条很有前途的路，学成后可以在海外扎根，回来也能有一份很体面的工作。

1969年8月，13岁的张国荣踏上了飞往英国的飞机，离开土生土长的香港。那一天，全家人都到启德机场去送他。

机场是一个每天都上演着相聚和离别的地方，承载了太多人的离愁别绪，也是一个人一段新旅程的开始。此时的张国荣对此倒是没有太多不舍，少年不识愁滋味，他还不明白离别意味着什么，只是想着要离开香港去过一种全新的生活，心中是即将奔赴自由的畅快。就要上飞机了，他在最后的关口前停了停，回头看看父亲、母亲、哥哥、姐姐和六姐，挥挥手臂喊一声“拜拜”，就转身离开了。

这趟航班名为LAKER，机上有很多留学生。张国荣第一次坐飞机，看到什么都满心好奇。机上有小电视播放些广告、电影。路上还出了个小状况，他座位上面的小电视的螺丝松了，要是掉下来可能会砸到他，幸好发现及时才没出问题。空姐吓得够呛，连忙找人来修，他反倒笑嘻嘻的不以为意。

飞机经停印度，历经漫长的整整28个小时的飞行后才辗转到达英国伦敦。父亲的一位李姓朋友来机场接他，到住处后他睡了很久倒时差。第二天，张国荣到Eccles Hall School（埃克尔斯霍尔）中学报到，在这里他度过了五年半的青春时光。

学校位于伦敦附近的郊区，那里是一个风景如画的乡村，张国荣很喜欢这里的景色。这个学校是一所寄宿男校，因为来得早，校园里还没什么人，一位老师和他的妻子一起接待了他，还招呼他吃了一份三明治。

学校大约有300名学生，有来自其他国家的人，也有本地人，大家齐聚一堂。寝室非常大，一共住了16个男孩。张国荣在中国香港的时候英语算比较好的，但是到了英国就发现还是要练练的，因为语言的问题，他起初没什么朋友，只和一位同是中国来的同学走得比较近。

每天早上7点，学校的铃声准时响起，学生们开始起床、叠被、穿衣服，随后步行10分钟去食堂吃饭。按照习俗，饭前所有人要进行祷告，为所用饭食而感谢上帝。早餐一般有面包、牛奶、炸鱼和水煮蛋等，营养还不错。午餐一般会有肉派，就是用杂肉、碎牛肉、瘦肉做成的派，其他另配些番茄、烤土豆，吃完还有个甜品果冻布丁之类的。而晚餐就有点可怜了，只有饼干、奶茶。就算英国的奶茶很出名，但是天天喝也会腻的。这些食物刚吃几天还觉得很新鲜，吃过些日子同学们就没什么热情了。

张国荣很喜欢上地理课。因为英国文学课或者历史课这一类课程，只能坐在教室听老师讲，然后死记硬背，而地理课是有机会去外面实地考察的。英国的山脉不多，刚好里斯是个有山有水的地方，借课程之便，张国荣和同学一起看到了瀑布的壮阔、欣赏到钟乳石山洞的美景。

下午3点之后是2个小时的体育课，可以玩足球或者橄榄球，这是所有学生的必修课。张国荣只玩过一次橄榄球，就决定以后还是踢足球，毕竟身高决定了他没办法在橄榄球上和人高马大的外国同学们抗衡。他后来在采访中说道："那些鬼仔都是发育完全的啦，个子高到成座山似的！"

从周一到周五，每天的生活都是这样循环往复。周末的时候，本地学生就放假回家了，而家乡远隔万里的张国荣自然是回不去的，只能留在学校或者在学校附近玩儿。张国荣很羡慕那些可以回家的同学，说他们放假回家是"野兽出笼"。

想家的时候，张国荣就给家里写信，信上再诉诉苦，描述一下在这边吃东西有多不习惯，于是就能收到远渡重洋的家乡美味——方便面。香港人习惯叫“公仔面”，其实就是简单的泡面。每次张国荣收到公仔面的时候简直是欣喜若狂，终于不用老吃饼干了。虽然没有厨房，热水泡面还是可以做到的。

在这所学校中，张国荣顺利地读完了中学，除了学到知识之外，他还学会了如何真正独立生活，他的成绩也一步一步提上来，还拿到了学校的奖学金。后来他以优异的成绩考入英国著名的Leeds University of England（利兹大学）就读纺织专业。家里人知道了这个消息，也都为他感到骄傲。因为家里是做洋服店生意的，张国荣就选了一个有些相关的专业，纺织与成衣。这个专业课程比较广泛，又比较务实，美术、设计等课程都有涉猎。彼时，他有一个当设计家的梦想。

业余的时间里，音乐依然是张国荣的心头所爱。虽然听不到什么中文歌曲，但是异邦也有很多优秀的歌手。英国的音乐文化历史悠久，英国的摇滚乐也是引领世界流行音乐的，披头士乐队就是一例。那些充满异国情调的流行歌曲是张国荣最喜欢的，他经常在空闲的时候去酒吧听歌，有乐队演出的时候也是必去的。

虽然家里条件不错，给的钱也不少，完全是按照贵公子模式长大的张国荣，还是利用课余的时间尝试起打工来。无关金钱，只为自立。

因为打工的缘分，他还认识了功夫演员傅声的姐姐。她们家在英国开餐厅，而张国荣在那里当酒保打工换点零用钱。

对于学生来说，学校是一个简单的环境，而校外就会比较复杂，和当地人交流、沟通，认识一些新朋友，赚一些不必太多的零用钱，这是很好的锻炼机会，也是很好的人生阅历。

张国荣离开中国香港的时候，还是一个什么都不会的孩子，在英国学习和生活了一段时间后，无论是生活还是学习都渐渐游刃有余了，他也开始真正地融入这里的生活。

留学的日子里，打理好自己的学习和生活，没有太多生存的压力，获得的是一份生活的独立。他在英国的生活是多姿多彩的，而这时一封从中国寄来的家书打破了这份平静。

歌唱比赛

一个人的生命中，总有太多的坎坷和磨难，有些意外到来的时候也总是让人猝不及防。

张国荣的父亲因为酗酒而中风，半边身子都不能动了，只能躺在床上。张国荣接到信后迅速整理行装，踏上归途。

原本以为这一趟只是回家看望父亲，很快便会回来，不承想这就是他留学生涯的完结。这一年，张国荣19岁，他大学只读了一年。如果不是父亲生病，张国荣一定会继续顺顺利利地完成学业，学成归来。

留学生涯没能圆满完成或许是一种遗憾，但是谁的青春又不是在遗憾中向前呢？

父亲卧病在床，父母当然希望子女都能在身边陪伴。“不要回英国了，你爸爸不知道能不能挺过去……”父亲难过地对张国荣说道。张国荣选择留了下来，他要陪父亲一起走过最后的这些日子。后来，半身不遂的父亲缠绵病榻十几年，去英国继续学业的事情被一拖再拖，最后也无疾而终了。

回到香港后，摆在张国荣面前的有两条路，一是到父亲洋服店工作，二是继续读书。张国荣选择读书，因为突然回港，他需要一个时间缓冲一下，读几年书再去工作无疑是更好的选择。

从一名大学生，又成为一名中六（香港中学为七年制，初中三年，高中四年，中五会考，中七高考）的插班生，张国荣适应得很好。他的英文水平也让他大放异彩，在A-LEVER考级中是A级，全校都没几个人的英语比他好，校长曾笑着说让他教中学二年级、三年级也没问题。但是他的短板是中文，毕竟离开中国那么久了，他需要好好补一下中文。

留洋归来的张国荣在一众同学中气质非凡，意气风发，阳光灿烂。校园的球场上，只要张国荣上场，必然会吸引很多人去观看。他的学弟林奕华曾对他说：“如果世界上真有罗密欧，我认为他便是你这样的。”林奕华后来成为香港著名的舞台剧导演。

学业上是没什么问题的，但是享受过一个人英国独立的生活后，再让他回到大家庭里，他还是不太适应。此时家里已经今非昔比，加之父亲瘫痪，洋服店的经营越来越差，也日渐萧条。他不想住在家里，他想要经济上的独立。况且家里的哥哥、姐姐都比他大得多，无论是工作还是生活都已经步入正轨。

为了寻求独立，张国荣开始利用业余时间找工作。他找到的第一份工作是在跑马地卖鞋子，每个月有800港币薪水。半个月之后，他辞职了，觉得这份工作不适合自己。第二份工作是卖牛仔裤，薪酬也涨到了1000港币。从打工开始，张国荣算是正式踏入社会。张国荣发现了赚钱的艰辛，卖牛仔裤不是光站在那里收钱那么简单，只有用心给客人介绍适合的裤子，销售得越多自己拿到的提成才越多。

虽然张国荣也能获得不错的收入，但是毕竟这种工作不是很稳定。为了张国荣的工作，家里也到处托人找关系。父亲张活海因病在家，但是从前的关系和人脉还是有的，于是张国荣便有了一个去律所工作的机会。那一天，他带着简历去律所面试，因为学的专业是纺织，并不是对口专业，而且还没有读完，也就没有文凭，入职的话只能从Office Boy（办公室勤杂员）做起，这个职位是新人的最低起点。这份工作，张国荣还是没有相中。

那些留学生活已如隔世，理想中留学归来后无忧无虑的上等美好生活似乎变得遥不可及，和大多数年轻人一样，张国荣对未来也充满了迷茫。

没有找到合适工作，前路未知的张国荣有些苦闷，这时候他的同学找他一起组乐队唱歌，他便欣然前往了。乐队起名为ONYS，张国荣是主唱，他们经常一起表演，还参加过几次小型的比赛，拿过几次奖，只是没有得过冠军。此时张国荣还只是把唱歌当成一个玩票性质的娱乐，从没想过进演艺圈，他只觉得有的唱、有的玩儿就好。

1977年，张国荣21岁。有一天，和张国荣一起玩音乐的朋友对他说："丽的电视台有歌唱比赛！咱们一起参加吧。"张国荣就这样报名参赛了。这一次比赛是由香港亚洲电视台前身丽的电视台举行的亚洲歌唱比赛，获奖者还可能会得到签约的机会。

此次大赛规模很大，几乎覆盖了全亚洲，各个国家和地区的选手也很多。张国荣在初赛的时候表现不太突出，他觉得自己已经尽力了，也没有纠结能否晋级。当电视台的人打电话通知他成功晋级的时候，他特别开心。随后，张国荣更加认真地备赛，在复赛中表现良好，竟然杀进了决赛。

1977年5月9日，决赛开始了，这一次张国荣选了一首英文歌，歌的名字叫*American Pie*，翻译过来就是《美国派》。这首歌曲是唐·麦克林（Don McLean）的成名之作，也是一首流传至今依然经典的歌曲。

这首歌很长，有8分多钟，但是电视台的音乐总监建议他剪短些，于是张国荣版本的*American Pie*就精简成了3分钟。那一天，张国荣身穿白色套装，衣服上有亮片闪烁，扎一条设计夸张的红色领带，脚蹬一双红色靴子，打扮得时髦又帅气。这身打扮是他自己搭配的，隐隐有着猫王的范儿，胸口那一抹红色领饰更是引人注目。他非常喜欢红色，成名后也喜欢穿这个颜色。

那时的张国荣还很青涩，又黑又瘦，上台前还略有些紧张，等主持人报幕后登台，他反而不紧张了，彻底投入歌曲的表演中。留学生涯让他能够完美地驾驭这第二语言，多年观看和亲身表演的经历让他游刃有余尽情表演，举手投足之间朝气蓬勃。

“A long long time ago,I can still remember how the music used to make me smile…”明明是一首旋律简洁的歌曲，他却唱得起承转合、温柔动人，快歌处欢快清晰，慢歌处华丽优雅，所有人都听得痴迷，被他的音色所吸引。

决赛有12位选手，每个人都使出全身解数来表演，每个人实力都很强。张国荣在舞台上毫不逊色，这首歌以及动作他私下里已经练过无数遍了。当天的表演非常成功，他唱完歌深深地鞠了一躬，观众席上响起雷鸣般的掌声。一个身穿绿衣的小姑娘上台献花，他弯腰接过那束花，随后牵着她一起转身走下舞台，那个小女孩就是6岁的莫文蔚。所有参赛选手表演完毕，几位评委现场给出了成绩，张国荣的最终比赛成绩为

696分，分数很高，但是很可惜钟伟强的分数更高一些。他与冠军失之交臂。

在1977年度第二届亚洲歌唱比赛中，张国荣拿到了亚军，奖金为3000港币，还有些纪念品。通过这次比赛，他认识了很多圈内人，正式亮相台前。这是他日后进军演艺圈的起点。音乐制作人黎小田在比赛结束后夸他表现得好，电视台掌舵人黄锡杰说："Leslie,I will make you a star！"潘迪华也说他有巨星的感觉，将来一定会大红大紫。赛后，张国荣的名字就开始逐渐出现在演艺圈之中。

有些人质疑比赛不公平，因为菲律宾评委偏袒本国选手，给了张国荣一个超低的77分，却给本国选手93分，这严重拉低了张国荣的总分。张国荣倒是没有太多计较，他觉得自己的精彩表演已经呈现了，尽全力了就好！

比赛输赢不过是一时的，真正的胜者永远是不断前行的人，在娱乐圈这个更新换代飞速的地方更是如此。比赛需要胜利，这是一个参赛者必持的信念，可胜利不是比赛的全部，坚持初心才是最重要的。

因缘巧合，张国荣最初并未想过进入娱乐圈，但或许是命运的牵引，他所有的热爱都不会被辜负。

选择当悬崖峭壁上的花朵，成为一匹离群的野马，走少有人走的路。追寻梦想的路上定然是荆棘丛生的。

韶华

纯真的年代

Part 2

娱乐圈新秀

娱乐圈是一个鱼龙混杂又充满神奇力量的地方，无数拥有梦想的追光者在这儿发光发亮、奋斗余生。在这里只有不断努力和勇敢前行的人，才有资格抓住机会，创造出属于自己的真正舞台。

第二届亚洲歌唱比赛结束后，张国荣就签约丽的电视台，正式成为一名艺人了。

1977年5月19日，在丽的电视台的一间办公室里，香港资深制作人钟景辉，微笑着递给张国荣一纸合约。“你这次得奖，和我们丽的电视签约吧！”钟景辉代表台里向张国荣伸出了橄榄枝。张国荣非常高兴，迫不及待地在合约上签上了自己的名字。

根据合约，张国荣的合约期限为3年，月薪1000块。电视台方面预备先安排他上综艺节目《星期三晚会》露脸，之后再让他参演一些剧作。5月20日的香港《明报》上刊登了关于张国荣签约丽的新闻报道，自此张国荣正式进入娱乐圈。

对于张国荣进入娱乐圈，家里人是持反对意见的，当时进入娱乐圈也是一个让长辈很不放心的“工作”。

“那你就不读书了？你爸爸跟我都不赞成你这样！”母亲潘玉瑶尤其不同意，她希望孩子能继续完成学业，成为专业人士，找更好的出路。父亲想让他去做一些踏实的工作，比如之前那家律师行，而且签约之后也没办法继续完成学业了。

“你在娱乐圈能出头吗？你不知道每年有多少人被淘汰吗？还是读书吧……”母亲苦口婆心地劝阻。张国荣已经不小了，此时的母亲是真的为他的未来担心。

张国荣参加歌唱比赛的时候就没有和家里人商议，报名费还是六姐拿给他的，直到他得奖家里人才知道，而如今更是先斩后奏地签了合约。无论如何，约定总是要履行的，他只能和母亲说等合约期满再做其他打算，总算暂时征得了家里人同意。

不过有了这份“稳定工作”和固定的收入，张国荣决意完全独立生活，他迫不及待地找房子开始新生活。

签约的时候，钟景辉曾对他说过，当艺人之后不能再坐巴士电车。因此张国荣找房子的时候，第一要求就是选离单位近一些的，毕竟打车费也是一笔不小的开销。明星不能和普通人一样坐公共交通工具，这一点在当时是很普遍的，公司都希望艺人保持一些神秘感、距离感，这一条都会写在合约上，不只是丽的电视台如此，其他同类型公司都是如此。

香港的几家电视台、电台都在九龙城区的广播道附近，于是张国荣在广播道租了房子，光是月租金就要500块，再加上其他开销，交完房租就捉襟见肘了。但是张国荣没有向家里人伸手，他在单位预支了半年的薪水。从这一点来看，张国荣确是一个完美主义者，租的房子虽然不是自己的，但生活是自己的，他用这些钱把屋子粉刷一新，又买了喜爱的家具后便匆匆入住了。

全新的生活开始了，像每个新入行工作的新人一样，每个月剩余不了多少存款，但是依然干劲儿十足，他每个月还能省下200块给母亲。张国荣的一日三餐都在单位解决，周末会回老房子和家人聚餐。

张国荣的名字是入行之后新取的，因为“张发宗”这个名字的发音好像“发肿”。他的英文名字就用Leslie，因为他特别喜欢《乱世佳人》里的那个男主角Leslie Howard。

入行后很快第一次正式出唱片的机会出现了，宝丽金唱片公司看到了他在亚洲歌唱比赛中的表现，考量后邀请他来公司试音，和他同一期试音的还有陈美玲。试音后公司就和他顺利签约了，准备给他出一张唱片。能够唱歌并且出唱片，这是非常难得的好机会，很多歌手唱了很久都不一定有机会出唱片的，而张国荣才刚刚入行。他非常高兴。

然而理想很丰满，现实总是很骨感。这张唱片不是张国荣的个人唱片，而是那种混合了很多歌手歌曲的唱片合集，其中两首英文歌曲是张国荣唱的，分别是*Do You Wanna Make Love* 和*I Like Dreaming*。

这个时候张国荣的嗓音稚嫩，还没有成熟和突破，歌曲推出后恶意评价很多。“这声音又尖又细，听着跟小鸡叫一样！”张国荣听到后非常伤心。其实英文单曲的推出，从当时的主流音乐流行趋势来看不合时宜，那时粤语歌是流行趋势，英文歌曲失势。那一年流行的歌手是罗文和许冠杰。

不久，在一个流行音乐会上，张国荣首次参加公开演出。那天来了很多大腕儿，当红的许冠杰和温拿乐队都有登台演出，谭咏麟是乐队的主唱，场内有两千多名观众。张国荣出场了，他穿着红T恤和白裤子，场上没有任何人给他鼓掌，因为几乎没人认识这个新人。

张国荣算是歌曲选秀节目出来的，而那个年代的选秀活动还没有现在的民众参选，只有专业导师评委，宣传媒体也不像现在的新媒体这么发达，一个娱乐节目可以全民参与，初出茅庐的张国荣自然是没有什么知名度的。

没有掌声的迎接，张国荣在伴奏音乐响起后开始自己的表演，他很用心地唱着歌，但是当天的观众并不买账，下面不断传来嘘声，甚至有让他下台回家的声音。他坚持唱完了歌，谢幕后转身下台。这是他第一次感受到当歌手的不容易，因为没有人能保证自己会被所有人喜欢。

丽的电视台有时候会得到商家的赞助，其中就有艺人的服装，但有名气的艺人和没名气的艺人得到的待遇是天壤之别的。有一次，台里让张国荣去BangBang服装公司拿赞助服装。这个牌子在20世纪70年代的香港是非常有名的，很多年轻人都喜欢。张国荣听到是这个牌子的服装还很高兴，等他到了服装公司就高兴不起来了。

进门后，张国荣对一位工作人员说："您好，我是丽的电视台的张国荣，来取服装的。"那个人看了看他，就随意对他说："现在很忙，你等等吧。"这一等就等了近一个小时，其间也没看出那个工作人员有多忙，他还和同事聊了半天。终于，那个"忙完"的工作人员拿出一袋衣服给张国荣，张国荣礼貌地说了声"谢谢"就离开了。

回去之后，张国荣打开袋子看，衣服是旧款的衣服，应该是季末没有卖出去的。想想也正常，给他一个还是无名小卒的小明星，当然不会是当季新款，他自己搭配一下也能穿。张国荣很会穿衣服，他的着装在现在来看是非常时髦的。白色的卫衣清爽，蓝色的牛仔裤简洁，衣角随手打个结，显得非常时尚。

虽然刚入行就备受打击，没有多少演出的机会，但他没有气馁，也没有退缩。他把闹钟定在每天早上6点钟，起床后就开始雷打不动的半个小时练歌，不需要人监督，保证每天只多不少，哪怕没有人看好他，他依然坚持着。

或许在许多人眼中，当时的张国荣只是一个做着不切实际的明星梦的不得志青年。那时的他只能一个人独自打拼，有太多辛酸的往事，偶尔夜深人静的时候，会有放弃的想法，但早上起来就又斗志昂扬地加入战斗，因为心中希望的种子还在。

艺人，永远是靠作品说话的，是靠功底立足的，无人问津的时候，坚持就会有希望。

选择当悬崖峭壁上的花朵，成为一匹离群的野马，走少有人走的路，追寻梦想的路上定然是荆棘丛生的。没有谁的人生一帆风顺，没有一个艺人可以随随便便成功，聚沙成塔，水到渠成，或许在很久之后，你依然会感谢当初那个坚持的自己。

金童玉女的初恋

早在签约丽的电视台时，台里就给张国荣定下长期上《星期三晚会》的计划。这是一个大型综艺性节目，节目比较多元，有时候会到户外场地拍摄，有时候在戏院直播，每一期的主题和看点不同。节目内容涉猎繁多，流行歌曲、传统戏剧等东西方的元素都有加入，总之花样繁多就是综艺节目的王道。张国荣会定期在这个节目中登场主持、表演，在过程中不断地丰富、挑战自己，他还参与过节目短剧的演出。对于张国荣来说，这是忙碌又有趣的生活。

张国荣第一次见到毛舜筠是在1977年，年仅17岁的毛舜筠是当天的节目主持人。她妙语连珠，是一个非常可爱的美少女。“这个女孩子好漂亮啊！”张国荣心想，目光也追随着女孩的身影。

如果只是漂亮，恐怕不会让张国荣动心，毛舜筠身上由内而外散发出的独特气质，让张国荣很是倾慕。毛舜筠从小家教甚严，很有主见，性格有些倔强，她身姿丰腴，活泼好动，总是一副很有精神的样子。为了追毛舜筠，张国荣绞尽脑汁地给自己创造机会。

初恋的美好是很简单的，他看到她就欢天喜地，看不到就抓心挠肺。张国荣和陈美玲同属一个唱片公司，他常常拉着陈美玲一起去找毛舜筠，好借着这个机会去亲近毛舜筠。几个年轻人聚在一起很快就熟悉了，虽然还都不红，一起吃饭、唱歌的日子还很是惬意的。

丽的电视台给张国荣的人设定位是流行歌手和电视上的金童。恰好，毛舜筠初期的人设是玉女，两个人加在一起刚好就是金童玉女了，而金童玉女的爱情故事几乎是一个经久不衰的主题。

1977年6月，《爱情故事》开始拍摄，张国荣终于有机会和毛舜筠搭档演出了，他们演的部分叫《爱情故事之十九岁》。这部剧的导演张之珏和张国荣早在亚洲歌唱比赛的时候就认识了，那时张之珏是歌唱比赛的司仪。

《爱情故事》开拍后，张国荣有更多的机会接触毛舜筠了，电视剧还需要不断地对外宣传，张国荣和毛舜筠在戏里戏外经常同框。拍宣传片的时候，张国荣用略带玩笑的口吻说："我做你男朋友好吗？"毛舜筠也巧笑着回答："好啊！"金童玉女坠入爱河的消息就这样从开拍之前就开始见报，随后，拍摄期间两个人更是出双入对，媒体抓拍的照片也总是两个人甜蜜地同框。

有一次在去拍摄现场的路上，两个人一起坐车上，那一天毛舜筠穿着白色吊带裙，张国荣和她聊天，聊着聊着就情不自禁地说："我真的喜欢你这个'肥妹仔'，够健康！整天笑容满面的！"毛舜筠听了，没有正面回答什么，只是发出一阵银铃般的笑声。张国荣就提议一起唱首歌吧，毛舜筠本来是说不会唱歌的，后来张国荣唱起来之后，她还是跟着哼唱起来，"荷花香，新月上，荷花爱着素衣裳……"

每次拍完戏，张国荣总是想约毛舜筠一起出去玩，有时候能约到，有时候约不到，因为毛舜筠的朋友和追求者都挺多的。张国荣对待这段感情是很认真的，他第一次送玫瑰花就是送给毛舜筠，他经常约她去看电影。曾有一次，张国荣直接问她："我人长得帅唱歌好，你为什么不喜欢我呢？"这股子追人的劲儿，还真是留洋归来才有的风格呀，毫不扭捏，这么直白的追求者还是不多的。

网上一直流传着一张他俩的黑白照片，毛舜筠站在他左后方，抬手伏在他的肩上娇俏可人，张国荣穿着白衬衫丰神俊朗，两个人都是笑着看向前方。

后来毛舜筠从丽的电视台跳槽离开之后，《星期三晚会》上张国荣就开始和妞妞搭档。报纸上相继刊登《张国荣妞妞奉旨成婚》《张国荣谈妞妞》之类的耸动标题，但大家都不会当真，觉得这不过是媒体的炒作而已。

妞妞擅长唱日本风歌曲和现代歌曲，而张国荣更擅长西方歌曲，风格各异。两个人站在一起的时候，妞妞似乎显得更成熟一些，这是很多人看到两人同框时的想法。与《星期三晚会》同时期的综艺节目是《欢乐今宵》，后者由香港无线电视台TVB推出且为收视率王牌。虽然《星期三晚会》的收视率一直不算太高，但是张国荣却随着曝光率的增加，收获了一些观众的喜爱。

比较可惜的是，张国荣只做了七个月，这个节目就停播了。得知节目被停的消息，张国荣很伤心，毕竟这是自己参与的第一个综艺节目，而且这档综艺停播后，他就没有固定的节目曝光了。

张国荣的姐姐结婚时，他把毛舜筠也请过去了。小姑娘别别扭扭地坐在宴席上，强装镇定，小伙子是真开心，有人问旁边的美女是谁，他就说是自己的女朋友。在一众亲友的目光中，毛舜筠是太难了，不过她性格比较好，继续和大家聊天。家里人都很看好这个张家媳妇的人选，张国荣更开心了。

为了赢得芳心，张国荣也到毛家拜访过，那一天他拎着烟酒进门，没用多久就哄得二老眉开眼笑了，个性开朗的他还是很有老人缘的。第二次上门的时候，毛爸爸更热情了。毛爸爸喜欢粤语歌，刚好张国荣唱歌好，两辈人的共同话题还是挺多的。

张国荣和毛舜筠就这样恋爱了，两个人像所有情侣一样逛街、吃饭，只是先动心的总是付出比较多，这段感情一直都是张国荣在主动。交往了一段时间之后，张国荣求婚了，这个决定是在钟伟强的鼓动下做出的。

幻想中的求婚是无比浪漫美好的，男孩单膝跪地对女孩说："你愿意嫁给我吗？"女孩喜极而泣，哽咽着答一句："我愿意！"多么像美好的童话故事啊！可现实就是现实，张国荣是真心想娶，可毛舜筠并不想嫁。毛舜筠还不到20岁，她还太小了，根本没想过那么早嫁人，她完全被吓到了，听到求婚之后转身就跑了。张国荣的求婚没有成为婚姻的起点，反而成了这段恋情的终点。

若干年后，有记者采访毛舜筠的时候问起那段感情，她想了想说："他很努力地追我，但是他越努力，给我的压力就越大。"张国荣也在一档节目中说："如果当时你答应了我，可能你已经改变了我的一生。"

银幕上的金童玉女，现实中未必都能走到一起，就像王子也未必能娶到公主一样。初恋的美好不是因为懵懵懂懂，而是因为心无旁骛，全力以赴、毫无保留地去对对方好。也许正是因为用真心去爱，努力过了，就算结局留有遗憾，那也是青春最美好的一道风景。

偏偏人生总是事与愿违，爱情归根结底是一件很复杂、很玄的事情，那个看起来很般配的人，未必是对的人。

小明星初成长

每个人也许都会有这样一段人生最低谷期，情场失意、职场失利或事业失败等，这些打击会让人委屈苦闷，也会让人彷徨迷茫，但人生就是这样啊，酸甜苦辣汇聚才是真实的人生，也只有这样的人生，才会让人更快地成长、成熟起来。

成长的道路，要经受住各种考验。情场失意的张国荣，职场也面临着困难，此时的他只是个没多少名气的娱乐圈新人，他几乎每个月都入不敷出。那时的香港，还没有专门的艺人培训机构或者学校，为了心中的理想和目标，他只能沉下心来自行打磨综合实力，除了继续坚持每天练习唱歌之外，他还给自己增加了学演戏的时间。

任何一门工作，练好基本功才能完全胜任，而基本功溢出之时，就是才华显露之刻。

1978年，张国荣推出了英文专辑*Day Dreamin'*，但这张专辑的销售情况不太好，发行不久唱片店就开始降价处理了。因为全英文的专辑不适合当时的市场，于是公司转变策略，又推出了粤语专辑《情人剑》，可惜这张专辑依然不受欢迎。

此时的张国荣，唱歌比歌唱比赛的时候更好了，唱腔中虽然有很多模仿的部分，但是已经开始有自己的风格。这些被人们忽视的歌曲，即使在很多年后，依然不断被荣迷们翻出来收听。

有些路，走下去，会很苦很累，但是不走，会后悔。这世上从来没有白费的努力，更没有碰巧的成功，只要勇敢去做，踏实去走，成功不过是瓜熟蒂落、水到渠成的事情。天道酬勤，你越努力，运气就越好。

1978年，张国荣在《鳄鱼泪》中客串了一个角色，不过只有一场戏，而且没什么对白，他只需要抱着吉他弹唱就可以了。8月份的时候，影片《吴家有女》选角，他原本有望成为男主角的，后来还是因为种种原因搁浅了。

1979年，古龙经典的武侠小说《浣花洗剑录》要拍电视剧，张国荣终于有机会演男主角。在剧中，张国荣饰演男一号方宝玉。此时的张国荣，面孔还很青涩，没有多少演戏的经验，但他还是完整地演出了他心目中的方宝玉——一个鲜衣怒马、仗剑天涯的少年侠客。这部作品没有赢得太多的关注，但是在他的履历上开启了一个新的篇章，日后他还会有机会演更多的江湖人物，并且很多都会成为一代经典，这里只是他的一个起点。

这一年，张国荣遇见了雪梨，她是演员米雪的妹妹，两个人第一次见面是在舞厅。之后又在一次篮球赛的记者会上遇到，当天张国荣送她回家。张国荣对雪梨有好感，希望进一步接触一下，为此还征得了米雪的同意，才正式开始追求。

雪梨性格非常孩子气，精力充沛，喜欢去舞厅跳舞，张国荣就陪着她去。雪梨人长得比较丰满，朋友们打趣叫她“Baby Elephant”，于是雪梨决定减肥。张国荣是一个对女朋友非常好的人，他是见不得女孩子饿的，所以总是担忧着照顾雪梨的饮食。

渐渐地，两个人有越来越多的摩擦，雪梨喜欢裤子，张国荣却喜欢她穿裙子，去新加坡义演的时候，还带了一条橘色的裙子给她，可惜雪梨不喜欢。相处不到一年，两个人的恋情终止了，只因雪梨“另结新欢”。

1980年，张国荣新参演的电视剧《浮生六劫》开始拍摄，这部剧内容跌宕起伏，情节动人心魄。这部剧是丽的电视台重点拍摄的大型连续剧，剧情设定在时局动荡的年间，出场人物众多，每个人物都有各自的闪光点，也体现了人性的弱点。港人都会在其中找到自己的影子，因为每个角色都是港人的写照。这部剧在当时很受欢迎，随着电视剧的名气增大，张国荣也小小地收获了一拨观众的喜爱。

张国荣在剧中饰演车穗生，虽然不是第一男主角，但戏份也不少，每当他出现的时候都很吸睛。剧中的车穗生是一个外表优雅有着贵族气质的人，他性格孤僻，心思又细腻敏感。角色很适合张国荣，每一幕出场都是翩翩贵公子的范儿，他也是这部剧中正义、光明的代表。

1981年，张国荣拍摄新电视剧《对对糊》，和大美女倪诗蓓谈起了恋爱。张国荣早在拍摄《甜甜廿四味》时就认识了倪诗蓓。模特出身的倪诗蓓身材纤细，两个人同框非常养眼，媒体也喜欢拍他们。他们恋爱的时光也不长，后来倪诗蓓和汤镇业传出绯闻后，两人便分手了。多年之后，张国荣说："最难忘那段纯爱。"

张国荣人生的第一部电影并不出名，也是他不愿提及的，因为他是被一个电影公司给骗去拍的。当时他只听说是拍《红楼梦》就同意了，谁知这是一部被改编得面目全非的《红楼梦》，可以说是被毁灭性改编的作品。

后来张国荣回忆刚刚进入娱乐圈的这段时间，称自己的表演机会不多，接过杂七杂八的片子，客串过义卖主持人，在一些不太大的活动上演出，好多是义演。在娱乐圈起步，没有任何根基，圈子里的朋友也不多，可以说是举步维艰。张国荣说："在那段低谷的时间里，我愿意一直等机会。那时候我没有对未来做过多的打算，就算现在已经守得云开见月明，也不会考虑投资，因为没有胆魄也没有生意头脑，害怕辛苦赚来的钱付诸东流。"

张国荣也不是一步成名的。他有普通少年爱而不得的初恋，有日复一日在勤学苦练中坚持的梦想。

命运交响曲开始奏响，它的美正是因为蕴含无数起承转合的变数，也不必苛求人生处处精彩，那些星光熠熠的辉煌时刻，是由无数的平凡时光积淀，才有机会实现的。

助人攀上高峰的，从不是什么捷径妙招，反而是那些走的弯路和下的笨功夫，这才是踏踏实实的成功之道。

娱乐圈“三剑客”

香港尖沙咀一家名叫BAND BAND的餐厅里，张国荣正和宋豪辉、张美莲等几个朋友一起吃饭。忽然，一个小帅哥走过来说：“你好，有人说我跟你的样子很像呢！”张国荣略有些愕然地看着眼前人，这是一个有气质的男生，带着贵公子的范儿，微笑而坦荡地望着他。于是张国荣问他：“你是谁啊？”男生说：“我叫Danny。”这个男生就是陈百强，当时他还没有入行。男人间的相识相处，总是简单而爽快的。

张国荣生于1956年9月12日，陈百强生于1958年9月7日，二人年纪相仿，入行的时间几乎不分前后。陈百强喜欢音乐，电子琴和钢琴都弹得非常好，还有一点，两人非常像，他们都是留学生回国，不过陈百强是在美国读的书，专业就是音乐。1977年，陈百强回港，参加无线电视举办的流行歌曲创作比赛，参赛曲目是他的个人原创曲目*The Rocky Road*，一举夺得了那场比赛季军的好成绩。自此，他成为无线电视签约歌手，正式入行。当张国荣在丽的电视台当艺人的时候，陈百强就在无线台的《欢乐今宵》上唱歌，刚好电视台地址都在广播道上，两个人还经常下班约着一起玩，关系越来越好。

1979年，陈百强和百代唱片公司签约，推出首张个人专辑*First Love*，成名曲就是《眼泪为你流》。这就是张国荣在船上听过的那首歌，年底入选了当年度的港台十大金曲。陈百强才华横溢，他在钢琴旁边弹边唱的样子，迷倒了万千少女。

原本是先入行的张国荣小有名气，转眼陈百强就凭一首单曲后来居上了，张国荣虽然为朋友高兴，但是内心难免也有点愤愤不平。娱乐圈就是这样现实而残酷的地方，一切都靠作品和人气说话。

谭国基是张国荣的第一位经纪人，两人是在当时已经是乐坛大佬的罗文介绍下认识的。谭国基同时也是陈百强和钟保罗的经纪人，正因为三个人都是同一个经纪人，才会有后来更多的合作机会，以及更多的“是是非非”。

陈欣健是香港著名的演员、编剧、导演和制片人，在他的促成下，张国荣、陈百强和钟保罗一起演出了蔡继光导演的电影《喝彩》。张国荣此时忙于拍电视剧，对演员之路充满憧憬，欣然接下了片约。“三剑客”之名也缘于此片。

男主角Ken Chung当然是三人中最红的陈百强主演，而钟保罗作为知名主持人也有不少戏份，他饰演Paul Chung，张国荣饰演的角色是戏中的反派Gigo，他是Ken的同学，一个跟主角对着干的反面角色。张国荣在这部电影中出场时间虽然不多，但是每一幕露面都给人光芒四射的感觉。电影女主角Julie最终选定翁静晶，一个刚刚16岁的小姑娘。

张国荣第一次见到翁静晶是在一个大堂里，当时他和谭国基一起走进大门，两个人谈笑风生，突然感觉到旁边悄悄打量的视线，转头就看到了俏生生立在一旁的翁静晶。张国荣微笑着问：“这位漂亮的女孩是谁？”谭国基答道：“她叫晶晶，是Danny在戏中的女朋友。”短暂的寒暄，翁静晶印象里张国荣是一个外形很俊俏、性格很直接的人。

在电影中，张国荣是骄傲的，甚至可以说是嚣张的，他不屑一顾地说：“不赢的话，我干吗要参加？”虽然剧情需要，他最后还是要输，但不可否认他的表演是非常到位的，而陈百强演的正面角色必然是讨喜的，这也是很多人不喜欢演反派的原因，容易给观众留下不好的印象。

1980年10月，影片开始上映，票房一路飙升到300万港元，在电影排行榜中名列第12位，这已经是大大地超出预期了，在青春电影中成绩不俗。陈百强、钟保罗、张国荣“三剑客”的名号自此传开。这部电影让陈百强名声大噪，人气直线上升。他的角色深入人心，演唱的主题曲也很受欢迎。唱片公司顺势推出他的专辑《喝彩》，销量也是空前的好。

因为《喝彩》的喜人收益，电影公司决定再次以“三剑客”为主拍摄《失业生》，这个片子的题材和演员阵容都与之前差不多，张国荣还是反面角色，但比之前一部加了更多的戏份。然而，陈百强却明言拒绝和张国荣合作了。

张国荣、陈百强、钟保罗三个人同时出道，经纪人都是谭国基，三人外形上都属于美男子。后来钟保罗到电视台做主持人，张国荣和陈百强一起在歌坛发展，张国荣和陈百强出道之时都是以阳光活力四射的青春偶像形象出现，也有很多相似之处。

1989年香港商业电台十大靓人选举，在3万多人之中，得分前十名是周润发、陈百强、张国荣、谭咏麟、刘德华、张曼玉、李美凤、李嘉欣、林青霞、钟楚红。张国荣曾经被誉为十大俊男之首，而陈百强的衣着品位也是统领潮流的，在形象上两个人都是属于青春偶像型，不相伯仲。从那时候开始，人们总是习惯拿他们两人来对比，此后两个人也自然而然产生了一些隔阂。

张国荣入行更早一些，之前演过很多电视剧和电影角色，演技日渐成熟，即便在《喝彩》中是反面角色不讨观众喜欢，但导演、制片人、投资人都能看到他的进步和潜力，而陈百强虽然人气更高，但毕竟入行不久，且在演戏方面是弱项，他的优势在音乐方面。导演霍耀良听说了这件事，坚持一定要张国荣参演，力挺张国荣，后来两个人还是一起演了这部《失业生》。

电影讲了几个中学生毕业后面对未来感到前途渺茫的故事，故事情节不算猎奇，但胜在题材很适合年轻偶像，能够引起很多年轻人的共鸣。张国荣饰演的角色林志荣，刚巧也被叫作“荣少”。戏中的荣少总是装成一副自己是富家子弟的样子，可假的就是假的，总会被揭穿的，生活不如意，他就用毒品来麻痹自己，渐渐成了一个彻底的反叛青年。这个颓废的荣少，就是为了反衬陈百强饰演的主角孔家宝。家宝热爱音乐，一心追求梦想，是一个正能量满满的真正富二代。

这部青春励志片开始上映后，好评如潮。在电影海报上，钟保罗面带微笑，陈百强拉着小提琴沉醉音乐，张国荣侧身回眸，眼中带着迷茫，看起来还带着些少年的青涩。他们都穿着白衣，俊朗优雅。三个阳光、帅气的大男孩站在一起，画面实在是太过美好。

虽然这部电影中张国荣不是男主角，却胜似男主角，他以优异的表演被提名香港电影金像奖“最佳男配角”，闪耀星途又进一步。唯一让人觉得可惜的是，张国荣和陈百强的友谊出现了隔阂，两个人也都不希望再在一起拍电影了。

钟保罗和张国荣也是在工作中结缘，关系一直不错。《失业生》

拍摄过后，两个人一起参演电视剧《甜甜廿四味》，这部剧中还有关之琳、倪诗蓓等人。

开镜才十天，就出了一场意外，钟保罗在下车的时候被后面的货车撞上。当时他忘带东西，所以匆忙间下车，也就没有注意到后方来车，一只脚都被货车碾过，还拖行很远。事情发生后，导演希望演员继续演戏，不要耽误拍摄计划，让工作人员送钟保罗去医院。张国荣见导演如此不近人情，就坚持说："我要陪着他。"随后全程照顾钟保罗去医院。

钟保罗养伤期间，张国荣经常在午休时去探望他，担心他意志消沉，就鼓励他快快好起来："你呀！可是大难不死，必有后福之人！只要恢复过来，一定可以更成功的。"也许在那时的观众眼中，张国荣是一个反面的不羁少年，可在现实生活中，他待朋友却是个有情有义的人。

钟保罗伤到了腿，需要几个月时间养伤，这个时候经纪人谭国基突然有了一个想法。举办一个筹款演唱会，联合名人和歌星为钟保罗筹医药费。张国荣和陈百强都答应了此次义演。

演出由张国荣开场，陈百强压轴，到场的明星还有蔡枫华、万梓良、米雪等。钟保罗是拄着拐杖出席的，就坐在会场的第一排。"三剑客"中的钟保罗一直没有另外两个人的名气大，但是这一天他是主角，演出的一切都是为他而做的，他很开心，感激万千。

实际上，这些“不和”，只是两个心思细腻意气风发的偶像之间小小的误会和摩擦而已，好朋友不吵架才奇怪，张国荣和陈百强，就像两个孩子气的大男孩，媒体所津津乐道的“不和”，只不过是他们的赌气或斗气罢了。

青春的岁月，总有一些故事让人热泪盈眶。朋友间不必计较谁是谁非，因为只要相处时的情谊是发自真心的，就已然足矣。

1992年5月18日，陈百强一次酒后服药，导致他神志不清，成了不知悲喜的植物人。1993年10月25日，他终是没能将生命延续下去，作别人世，年仅35岁。

后来张国荣听闻陈百强离世的消息后，红着眼睛说：“他始终是我的朋友。”

你好呀，唐先生

1982年12月9日，在香港丽晶酒店的一场酒会上，张国荣和唐鹤德再次相遇了。他们很小的时候曾是玩伴儿，一别经年，两个人都长大了，一个潇洒灵动，一个温文尔雅，两个人的缘分再次被连接。这一年，张国荣26岁，唐鹤德24岁。

唐鹤德出生于上海，家境不错，在家中排行第七。他学习也很好，喜欢打篮球，读书期间就是校内的风云人物，很受欢迎。有一点两个人很像，他们都曾是留学生，唐鹤德也是去国外读的书，学成归国后就在银行任职，是一名很有前途的金融人士。

也许是家境和学识的原因，唐鹤德有种文人气质，清贵儒雅，华韵内敛，看起来有点高冷。两个人中，明明是张国荣年岁大些，但张国荣总是活泼跳脱，天真地带着孩子气。唐鹤德给人感觉更成熟一些，如绅士般从容沉静，温柔中又充满光芒四射的力量。

刘嘉玲曾说，张国荣很喜欢打麻将，有时候人还没到家，就先把朋友们喊来了，这时唐先生就先替他打，等人一回来就起身让给张国荣继续打。张国荣打麻将也很任性，要是和不到牌不顺心了，就喊着“不玩啦”，这时候唐先生又回来救场。

此时张国荣的事业还在发展阶段，而唐鹤德已经在金融行业做得有声有色。艺人的收入不稳定，何况张国荣还没有红起来，有时会在经济上陷入困难，尤其是他和经纪人之间出现问题的时候。但张国荣从不会在唐鹤德面前说钱的事情。唐鹤德知道他的处境，总是把自己的薪水通过朋友拿给他，而且还不告诉他。后来，张国荣还是知道了，此时唐鹤德已经连续把好几个月的薪水都拿给他了，自己过着节衣缩食的日子。

微末之时，患难之间，这份情谊自是弥足珍贵。因此张国荣深受感动，但也难免会有压力。在两个人交往的这段时间，他们相互依靠，彼此慰藉，给彼此带来奋斗的动力，不管别人怎么看，努力总是没有错的。

后来张国荣在事业上开始取得更多的成绩，随着人越来越红，财富也在慢慢地积累，他把赚的钱都交给唐先生来打理。唐先生辞去了银行高管的工作，隐身张国荣的幕后，本来就是金融人士，做这些事情当然轻车熟路，财富在他的手上也只增不减，他们终于迎来了富足的生活。唐先生的专业素质和修养颇高，在业界是有口皆碑的。电影《蓝宇》的编剧魏绍恩曾经给过唐鹤德一个很高的评价："硬净。"

一位熟人朋友曾这样评价他们："唐先生是很随和的一个人，既不会对对方特别客气，也不会让对方感到拘谨。凡是有他在的地方，总会让人有一种温暖的感觉，是能营造出一种神奇氛围的男人，然而每一次见面，唐生都仿佛尘世中的清风一般，从容而稳重，和Leslie那种即时烧水壶一样迅速热情高涨的性格形成了鲜明的对照。"

有的朋友，不只是朋友，还是自己后天选择的亲人。

逐梦

星光不问赶路人

▼

Part 3

默默向上游

其本微末凡尘，却也心向蓝天。

香港人有句口头禅：“张国荣也要熬十年！”这几乎是香港最励志的一句话，常常被用来激励年轻人。

人生没有白走的路，每一步都算数，世上所有的横空出世，不过是厚积薄发！任何时候努力不一定会立马看到结果，但是只要累积起来，再微小的力量也会取得很大的改变，因为时光对任何人都是平等的，机会也只会给有准备的人。

1981年电影《柠檬可乐》筹备拍摄，制片方本想让陈百强来演，但是导演蔡继光更中意张国荣，两个人早在拍摄《喝彩》的时候就合作得很好，编剧高志森也推荐张国荣来演，同事们一致认可张国荣的演技和工作态度，才让张国荣得到这个演第一男主角的好机会。

《柠檬可乐》是一部青春片，这也是张国荣成名前的青春片代表作。它讲述的是香港中学生日常生活和青涩的情感故事，发生在少男少女们最好的时光里，张国荣在影片中饰演第一男主角Jacken Chen，白衣白裤身姿挺拔，一亮相就给人惊艳的感觉，这个角色非常适合张国荣。

影片中的插曲《凝望》也是由张国荣来演唱的，“像鲜花开放幽谷中，花意袭我身上，尘俗之花，没这般高雅，没有花是这香，像朝露闪烁绕风中，它照在我心上，明亮清新，被它吸引，令我痴痴地凝望……”歌词非常婉转，由作词人郑国江作词。这是郑国江第一次和张国荣合作，此时郑国江已经为陈百强和罗文都写过词了。

张国荣和郑国江见面的时候，谈了他这些年在乐坛的经历，他是不甘心于现状的，有着一股拼搏和不妥协的劲儿。他诚恳地请求郑国江能够写出像《眼泪为你流》那般经典的歌词，他一定会用心去唱。其实制片方原本找的是另外一个作词人，但是张国荣自己提出想找更加优秀的郑国江来写。对于制片方来说，他们是出于成本的考量，毕竟找郑国江老师写词是比较贵的，后来还是张国荣自掏腰包补差价，郑国江在费用上也为张国荣打了半价。事实证明，张国荣的选择太正确了。

《柠檬可乐》获得第十九届金马奖最佳剧本和最佳美术设计提名，而张国荣作为一名年轻的演员，青春靓丽的形象和优秀的演技也让人眼前一亮，他摆脱了之前演反派给人的负面感觉，走上男一号之路。

后来张国荣又在1983年上映的青春励志电影《鼓手》中饰演男一号陈子洋，是一名爱打鼓的少年。家人反对他打鼓，邻居抗议他太吵，专业的鼓手嘲笑他打鼓不行，他还是坚持自己的梦想。这一年张国荣27岁，依然还是一副纯真稚气的面孔，演18岁的打鼓少年无比契合，其实他的少年气质一直都没有变过。

电影《鼓手》角色都是比较正面的人物，结局也是皆大欢喜的圆满，正因题材比较正，片子得以在内地多地上映。这部片子不仅在香港叫座，在内地也流传很广。

竹生四年，破土一寸，尔后月余，葱翠百里。

成功的人都会有一段默默努力的时光，把努力当成习惯，积蓄力量，然后才有瞬间惊艳所有人的那一刻。

早在1982年的时候，张国荣与经纪人谭国基就终止了合作，他们后期因为账目上的问题关系不太融洽，还一度闹上法庭。张国荣最终离开丽的电视台转投华星。张国荣的第二任经纪人是陈淑芬，同时也是他最后的经纪人。他们是工作上的搭档，是生活中的朋友，也是亲人般的存在。

陈淑芬，在香港娱乐圈人称“陈太”，她曾为张国荣、张学友、梅艳芳、沈殿霞、张智霖、陈松伶、周华健、陈百强、利智等一线明星的经纪人。20世纪70年代，曾参与举办邓丽君的个人演唱会，毫不夸张地说，她见证了港台娱乐业二十余年的跌宕起伏。

她是张国荣的重要搭档，更是他真心相交的挚友。他们一个在台前，一个在幕后，相伴相随，在香港娱乐圈开天辟地。

陈淑芬最初是在电视上看到过张国荣，第一次见面则是在著名演员李香琴组织的一次饭局上，由“琴姐”介绍两人认识，也是在这一次，张国荣知道了华星初建，而陈淑芬知道了张国荣和公司的合约结束了，目前已是“自由身”。

黎小田（Michael）是香港殿堂级的音乐人，他集作曲、编曲、监制、策划于一身，他之于香港，就相当于久石让之于日本。黎小田作曲传唱最广的歌曲就是《万里长城永不倒》，20世纪80年代开始他就是影视剧配乐的金牌作曲人了，张国荣的天王之路也不乏他的助力。黎小田是在亚洲歌唱大赛的时候与张国荣结缘的，当时他任职于丽的电视台，是海选的评委，非常认可张国荣的才华。

1983年，TVB要成立音乐唱片公司，由黎小田牵头并组建。陈淑芬是先被黎小田招至麾下的，组建唱片公司需要歌手，更需要经纪人，当时华星还处于起步阶段，未来的“金牌经纪人”也很年轻，只比张国荣大一岁。知道张国荣合约期满后，黎小田和陈淑芬就不谋而合地要签张国荣，于是张国荣成为华星唱片的第一位签约男歌手。

自此，张国荣尊黎小田为恩师，玩闹的时候还会喊他“加菲猫”，两个人亦师亦友，好不快乐。

风继续吹

作为一名歌手，只要找到最契合自己的风格，就成功了一半。

而风格是什么？是一个歌手可以持续表达自己作品的方法，它是最适合自己的表达方式，它是歌手本身就具备的特质。当找到自己的风格，而不是单纯模仿他人，就能够让自己的作品独一无二。

黎小田为张国荣制订了一系列计划。张国荣唱歌的时候咬字不够清晰，声音略有些尖细，还有吞音的问题，容易让人听不清，而且和罗文、关正杰、陈百强等歌手的唱腔相似，比如他唱的《情人剑》就和罗文的唱腔一样，这就是他需要提升并突破的地方。

张国荣音域比较开阔，为了突出他在音色上的优势所在，把他和其他港星在唱腔上明显区别开，黎小田指导他学习美国巨星“猫王”Elvis Presley的发声，让声音低沉些、浑厚些，把声音中的磁性释放出来，让声音更放得开。受到黎老师的提点，张国荣很快找到了适合自己的唱法，低沉、委婉、略有沧桑的声音才是最适合他的。

张国荣第一次用这种风格唱歌是在《风继续吹》中，忧伤、悦耳、深情、缠绵，他果然唱出了自己的特色。这首歌是张国荣事业的转折点，是他在歌坛的曙光，是日后他每次开演唱会的必唱曲目，每每唱到就会泪花翻涌。

80年代，日本音乐是亚洲乐坛的风向标，所以很多香港歌曲都是翻唱日本流行歌曲，比如谭咏麟的《讲不出再见》、王菲的《容易受伤的女人》、张学友的《一路上有你》、周华健的《花心》等，这是当时乐坛的流行趋势，也是音乐全球化道路的一个进程。

张国荣的《风继续吹》也是在这样的大环境下做出来的，华星音乐与日本大洋音乐合作，改编山口百惠最后一张专辑中的《再会的彼端》，由郑国江填词。“悠悠海风轻轻吹，冷却了野火堆，我看见伤心的你，你叫我怎舍得去，哭态也绝美，如何止哭，只得轻吻你发边，让风继续吹……”歌词绝美，伴随着张国荣唇齿间性感的低音流淌，仿佛在听者的脑海中呈现出一幅充满诗意的画面。张国荣唱歌的时候非常投入，他有一种能在歌声中融入情感的能力。

1983年5月1日，《风继续吹》推出后市场反响非常好，因为曲调朗朗上口，迅速在KTV大热。他完美地将这首歌演绎到了极致，对于粉丝来说，张国荣版本胜过原唱。虽然这首歌让张国荣打了一场漂亮的翻身仗，但是很可惜的是当年并没有得到奖项。

张国荣推出他转入华星之后的第一张专辑，名称就是主打歌《风继续吹》。专辑的封面上是他全新的形象，美术指导张叔平给他拍摄正面照，光从旁边照过来，突出他精致端正的五官，额前几缕微弯的发丝散落，显示出他的不羁，整个风格非常前卫。他目光如炬，透过眼神仿佛能感觉出他是个有故事的人。这个全新的形象摆脱了他之前脂粉味过重的形象，塑造出一个英俊的贵公子，浪荡而又迷人。

专辑《风继续吹》中收录了12首歌曲，除了黎小田、郑国江，还有黄霑、顾嘉辉等多名香港音乐人共同打造，包括《风继续吹》《人生的鼓手》《我要逆风去》《默默向上游》《片段》都收录其中，另外还有《那一记耳光》《共您别离》《缘分有几多》《流浪》《让我飞》《不管您是谁》《难以再说对不起》。

其中《片段》还是张国荣亲自操刀填的词，他把一些对感情的感悟写下来，自己作词自己唱，他很享受这个创作过程。

当初跟她相识的那天/心中不知不觉暗将爱奉献/漫步共话情意倍添/暗角热吻感觉突然/分开这一刻亦仍挂念/想起当初跟她相拥

的那天/车厢相看相对爱心俩互献/亦梦亦幻如雾似烟再次热吻/感觉自然一刻的痴恋做成片段……

这张专辑一扫前两张专辑的颓势，成为张国荣专辑中的第一张金唱片（在香港，金唱片的销量要超过25000张）。专辑中多是慢歌，曲风沉稳，他用平淡而不平凡的声音唱出了心声，让不得志者坚信总有出头之日，让郁郁者再次燃起希望。专辑推出后，华星音乐同步开始专辑的宣传和推广，那个年代歌曲最好的传播方式是电台，有了一定播放量之后，开始有越来越多的人喜欢张国荣的歌，也有越来越多的人点播他的歌曲。音乐MV也在电视节目《劲歌金曲》中时有播放，他俊美深情地唱着歌的形象更加深入人心，播放率也越来越高。

歌红了之后，人自然也红了，张国荣越来越自信。在《风继续吹》推出之后，张国荣和黎小田就开始为他的下一张专辑而准备。经过半年的时间，新专辑《一片痴》上市，此时音乐市场上已经有了他的一席之地，他的唱片销量也能有所保证。

陈淑芬费尽心思地安排他的日程，拍电影、唱歌、通告、登台，他实在是太忙了，有时为了工作接连通宵。虽然忙，但是只要站在镜头前面，张国荣还是给人一种精力充沛的感觉。多年的不得志，一朝得意，他是越忙越开心。

忙碌的时候总是过得特别快，元旦过后，转眼就到了旧历的年底。

“Leslie，Anita，拍一张合照吧！”记者们为张国荣和梅艳芳拍下合照。梅艳芳也是华星的签约歌手，他们一起出席了“1983年十大劲歌金曲颁奖典礼”，同行的还有也在华星的陈美玲，那个当年和他一起在宝丽金试音的姑娘。这是香港无线TVB举办的第一届典礼，表彰香港歌手这一年在歌坛的贡献，日后也将开创乐坛的一大盛事，众多歌手期盼得奖。

张国荣的《风继续吹》《一片痴》都获得提名角逐这一年度大奖，而梅艳芳亦有三首歌提名入选。每一张专辑都是歌手的心血之作，每个歌手都希望自己的歌曲能在此得奖，张国荣也不例外，可最终能获奖的歌曲只有十首，最终公布获奖名单前，谁都没有十足的把握。

张国荣安静地坐在台下，看到同事们拿奖他为之高兴，其他男歌星上台表演，他也在认真地看，认真地鼓掌。早在一个星期之前张国荣就知道自己不会得奖了，据说他刚好排在第11位，只差一点点，他与奖杯擦肩而过。按照惯例，很多歌星在知道自己不会得奖后，就不会出席，所以当天张国荣的出席让很多人佩服。

大抵心有不甘，张国荣淌下了遗憾的泪水。好在，来日方长，一切都没有那么糟糕。

曾经和张国荣同是一个经纪人的陈百强、罗文都得奖了，如今和张国荣同属华星的梅艳芳和陈美玲也拿奖了，而张国荣明明有了一曲这么好、这么红的代表作，还是没有得奖，或者说是没有得到认可，说不介意是不可能的。在颁奖结束的时候，张国荣忍不住流下了泪水，虽然很快就被他掩饰过去，但还是被陈淑芬看到了。“别泄气，我们以后再努力！”陈淑芬一边安慰他，一边在心中下定决心，一定要和他一起做出更完美的唱片，他们坚信一定有拿奖的一天。

星光不问赶路人，没人关心付出的汗水和泪水有多少，人们只会看你能否到达金字塔的顶端，但是没关系，时光不会辜负那些努力和用心的人。

虽然哥哥张国荣自己再也没有机会看到，到2010年时，这首《风继续吹》会被评选为华语金曲奖30年经典的“我最喜爱的歌曲”。

戏中缘

1982年，张国荣出演的电影《烈火青春》上映，这部电影由谭家明、唐基明导演，张国荣、叶童、汤镇业、夏文汐主演。影片的背景依然是20世纪80年代初的香港，但是不同于之前的青春片，这一部片子更加深刻和有内涵，加入了更多的批判和反思元素。

1982年11月26日，《烈火青春》正式上映，赢得很多年轻人喜爱。该片讲述了20世纪80年代初的香港，四个无所事事的青年结成死党，重复着寻找爱情寻找伙伴的青春游戏，不再是校园中的爱情故事。但是因为片中裸戏而遭到一些家长抵制，不得不重新删减部分激情戏，才得以继续上映。1983年，张国荣拿到了第二届香港电影金像奖最佳男主角的提名。2005年，这部《烈火青春》被评选为百年百部最佳华语片之一。2012年，TIMEOUT评选本片为“香港电影百佳”之一。

黄泰来导演的电影《缘分》开拍了，还是一部青春片，情节比较简单，讲述了刚大学毕业的保罗，在地铁上邂逅了美丽动人的莫妮卡和富家女安妮，三人谱写了一个浪漫的青春爱情故事。

本片有帅哥、美女做主角，是很吸睛的亮点，片子由张国荣、梅艳芳和张曼玉主演，因为情节不复杂，所以观众看得也比较轻松惬意。梅艳芳和张国荣同属一家唱片公司，起初两人都忙着各自的歌、各自的工作，接触不多，直到一起拍摄《缘分》才开始熟悉起来。

张曼玉是新一届的香港小姐亚军，年仅19岁的她洋溢着青春的气息，第一次见到张国荣就被这个美男子给迷住了，回家就和妈妈说：“今天我见到了世界上最漂亮、最完美的面孔！”这确实是很多第一次看到张国荣的人的感受。

这部片子对于已经演出过很多青春片的张国荣来说并不难，但是张国荣是追求完美的人，有时会和导演临时调整对白，这让张曼玉好恼火。因为张曼玉在英国生活多年，中文说得不太好，毕竟对于一个对白都是标上拼音来记的人，重新记一遍台词很累。“我已经记好了，你为什么要改我对白呢？”张曼玉气恼地说。“这样会好一点嘛。”张国荣会笑嘻嘻地回答。张曼玉只好再背一遍，两个人也在磨合中成为要好的朋友。

主题歌和电影的名字一样，也叫作《缘分》，是由张国荣和梅艳芳对唱的，这首歌是真的好听，后来两个人在未来的18年中曾多次合唱，堪称经典。张国荣一生中，男女对唱的作品不多，梅艳芳的中低音醇厚，唱法变幻，张国荣对低音的表达也是其他男歌手所不擅长的。片中另有两首小插曲《一盏小明灯》和《全身都是爱》，都是由张国荣演唱的。

梅艳芳在剧中饰演富家女Anita，凭着演技，她赢得了第二届香港电影金像奖最佳女配角奖。而张曼玉则凭自己扮演的角色拿下了最有前途新人奖。

《缘分》这部片子开启了张国荣和两位佳人的银幕之缘，日后他们将会频频联手，共同塑造更多经典的角色。张国荣有很多演艺圈的朋友，都是因为一起演戏而结缘。而梅艳芳因为和张国荣同属华星，常常有一起外出表演的机会，更是渐行渐近，友情升温，直到成为彼此亲人般的存在。

陈淑芬为张国荣和梅艳芳联系过很多演出，新加坡、泰国、马来西亚、美国等，他们很受华侨的欢迎。合唱、拍电影、出席活动……两个人在无数场合合影，以至于屡次传出绯闻。

有一次，两个人在纽约有演出，晚上住进了一家黑人区的酒店。梅艳芳在酒店房间休息的时候，突然有一个陌生的黑人闯进房间，虽然没发生什么不好的事情，但是也把她吓坏了。此后每次两个人有表演外出，在入住酒店的时候，张国荣都会特意找套间或者有门相连的房间，这样他可以就近照顾梅艳芳，保护她的安全。

提起两个人的友谊，梅艳芳说："我们曾经抱头痛哭过，当时大家都觉得不开心。我刚红，受尽委屈；他也为前途担心、烦闷；我也记不起是在哪儿哭了。"

还有一次，两个人同台演出，一个歌迷突然走近舞台，并且伸手要拉梅艳芳的脚，当时张国荣反应很快，立刻把梅艳芳拉到另一边，避免她被人拉下台，神色如常，舞台的表演还在继续着。

梅艳芳曾说，她叫张国荣哥哥，因为在别人眼中她是强悍的梅姐，而在哥哥的眼中她是那个需要被疼爱的阿梅，哥哥是她的守护神。梅艳芳也不像外界看到的那么坚强，在张国荣面前，她才可以像个小女孩一样安心做自己。

有的朋友，不只是朋友，还是自己后天选择的亲人。

病毒式传播的*Monica*

当时的明星想要真正的大红大紫是需要很长一段时间的，因为要有歌、MV、电视剧、电影……还要有人捧，同时演艺这个行当还需要一点运气，天时、地利、人和更是缺一不可。

1984年，香港偶像团体“小虎队”成立，成员为孙明光、林利和胡渭康，签约华星旗下，他们是张国荣的小师弟，另外一个台湾“小虎队”要到1988年才会出道。同一年，香港“小虎队”受邀到东京音乐节参加演出，张国荣、黎小田和陈淑芬也一起到现场观看。

东京亚洲音乐节（Tokyo Asia Music Market）是非常有影响力的音乐节，推介亚洲各国具有代表性的音乐。作为同门师兄，张国荣到场为师弟们加油；作为流行歌手，他也要时刻关注流行音乐趋势，如此盛大的音乐节当然要去现场观看。

这一趟，不虚此行，18岁的吉川晃司登场了，他演唱的曲目是*Monica*，洋溢着青春活力的劲歌热舞，瞬间就抓住了张国荣的心。现在的日本音乐家吉川晃司，在当时还只是一名刚刚出道的新人，这首*Monica*是他的第一首单曲。吉川晃司长得比较高大，做过水球运动员，运动神经发达，跳舞也充满了力量感，在歌曲的结尾处，他还做了一个后空翻，引得场下观众都为之尖叫。

自从这首歌响起，台下的张国荣眼睛都亮了，他对旁边的陈淑芬和黎小田说："我觉得这首歌可能有机会流行起来。"陈淑芬立刻说："这首歌应该适合你。"黎小田也附和道："的确很适合Leslie。如果他来翻唱这首歌，一定会有叛逆不羁的味道。"对于这首歌，三个人意见非常一致，他们几乎立刻就决定要做这首歌的改编了。

从流行音乐的角度来说，太过循规蹈矩的歌手不容易出彩，反倒是有一点离经叛道更能吸引人。从张国荣本身来讲，他已经有了一部分慢歌，还没有合适的快歌，这首歌的出现刚好是他需要的。

音乐节结束之后，华星方面开始联系吉川晃司，几经周折后拿到这首歌的版权。黎小田请来流行曲填词人黎彼得，希望他能为这首*Monica*填词。当时碰巧黎彼得刚刚失恋，而黎小田又让他写开心的歌，这还真的难住了黎彼得。几经思考，黎彼得终于有了一个点子，独辟蹊径地写出了一首超棒的*Monica*。虽然歌曲定位的是开心快歌，但也可以是对爱人追悔莫及的呐喊啊，这样设定并不矛盾，还非常潮范儿。

“你以往爱我爱我不顾一切，将一生青春牺牲给我光辉，好多谢一天你改变了我，无言来奉献，柔情常令我的心有愧……”这是一种崭新的唱歌形式，节奏感非常强，歌词之间几乎无间断。英文重复的部分被直接保留下来，两种语言的交汇，可以让这首歌层次更丰富。

粤语版的*Monica*新鲜出炉，张国荣唱着劲歌、跳着热舞，慷慨激昂地演绎着，浪漫、激情、奔放，这个放荡不羁的浪子引得无数人为之疯狂。在华星唱片的全力宣传之下，*Monica*迅速流传到大街小巷，电视、电台都能听到他的声音。

“Thanks,thanks,thanks,thanks”，不断重复的部分，简洁明了，张国荣的演唱仿佛有一种魔性，容易让人记住，听过的人想要跟着唱，而且朗朗上口，不论是什么年龄的人，都能跟着来两句。

自*Monica*风靡香港之后，内地也开始全面流行起来，穿着T恤和牛仔裤的人在*Monica*的音乐声中尽情舞动身体，西装革履的人下班也可以挽起袖子跳一会儿。不夸张地说，迪斯科舞曲在中国盛行，就是从张国荣的这首*Monica*开始的。

这首单曲收录在全新专辑中，并以他的名字Leslie来命名唱片。这张专辑上市即卖出20万张的好成绩，“四白金”的销量让人惊叹，远远超出了前面《风继续吹》和《一片痴》的销量，甚至于带动前面两张专辑的再次销售。

张国荣主演的电影《缘分》在同一时期推出，张曼玉扮演的女主角也叫作Monica，在大众的眼中，张曼玉就是张国荣歌声中的Monica了。

1984年6月18日，电视剧《侬本多情》开始上映了，这部剧由张爱玲的中篇小说《沉香屑·第一炉香》改编而成，张国荣饰演剧中的男主角詹时雨（James）。张国荣之前拍过的电视剧以配角或者客串角色居多，这是他第一次当电视剧男主角，也是第一次为TVB出演电视剧。

这是一个发生在战前香港的故事。张国荣饰演的詹时雨，是一个社交场上的交际男。张爱玲笔下的男主，身高、样貌和张国荣不太像，应该更高、更白一些，但是神韵是极像的。“眼睛像风吹过的早稻田，时而露出稻子下的水的青光，一闪，又暗了下去。”看看张国荣的眼睛，真的是如出一辙。

“我这么英俊潇洒，你一定是对我动情了。”这句台词从忧郁美男张国荣嘴里说出来，倾倒一片。角色的设定本来很渣男，但是由张国荣来演绎，反而让女人着迷，也许正应了那句：“男人不坏，女人不爱。”

歌曲和电视剧都得到了观众的喜爱，张国荣的粉丝越来越多。电视台那边收到很多粉丝写给他的信，嘘寒问暖，礼物多多。张国荣总是会亲手拆信，他说盼了这么久，现在终于有了，一定要亲手拆信才更开心，并且他还会亲自回信。

后来，他越来越红，忙得没有时间读信、回信，才交出大部分来给工作人员做。

站在乐坛的风口浪尖

欲戴王冠，必承其重。

一旦踏上娱乐圈这条路，很多时候都由不得自己选择。远方也许是耀眼聚光灯的中心，也许是危机重重的风口浪尖。每踏上一步台阶，风险和机遇并存。

1984年又到了一年一度的香港十大劲歌金曲颁奖典礼，上一年张国荣没有拿到奖，这一年他不会再次失望。主持人先是讲了一个非常有趣的现象，就是每个年代都有个流行的英文名字，比如50年代的Lily，60年代的Judy，70年代的Winnie，等等。而80年代，因为张国荣而成了Monica。

雷鸣般的掌声中，张国荣缓步走上台，他穿着黑色皮衣，围了一条围巾，可以看出心情激动。主持人对他说：“Leslie，你今天晚上心情很好啊。”他一脸幸福地捧着奖杯回答道：“因为这是我第一次拿这个奖。”下台前，主持人还风趣地拿了他的围巾，用力地抛向欢呼的观众席。

跌跌撞撞一路走来，张国荣在无数个没有镁光灯的背后默默努力着，才得以将嘘声变成掌声。万事万物，哪一样是一蹴而就的？但凡成大器者，皆是由点滴凝聚而成。

张国荣开始唱他那天的第一首歌，脱下那件皮外套，里面是一身劲歌热舞的劲装，他的全身都是黑色，肩头装饰着很大的、闪亮的银色金属，看起来好像战衣的护甲，在灯光下闪烁明亮。终于登上梦想的舞台，这里是他的战场，一曲*Monica*燃炸全场，“Thanks,thanks,thanks,thanks,Monica！”引四方应和，“谁能代替你地位！”这一战，他赢了。镜头掠过观众席，所有人都兴致勃勃地跟着他打着节拍，他每唱一句的间隙，都能听到歌迷的尖叫声。

第二首演唱的歌曲是他的成名曲《风继续吹》。刚刚劲歌热舞时挥洒的汗水，还在额头闪现，仿若珠光，他闲庭信步般走过舞台，终于在这个舞台上唱出这首歌，去年的遗憾总算是弥补了。

1984年度香港十大劲歌金曲，*Monica*名列第八。同年，*Monica*获得十大中文金曲奖。1999年，*Monica*在第22届十大中文金曲颁奖典礼上获得“20世纪百年十大金曲奖”。

*Monica*让张国荣人气高涨，从此一发不可收。没有经历过那个年代的人，已经很难想象当时的人们对这首歌的疯狂程度，从香港到内地，从大街小巷到电视、电台、迪厅，处处可以听到。有乐评人士说：“论及香港乐坛最辉煌的年代，首推20世纪80年代，论及80年代最有代表性、影响最大的歌曲，则不能不提到*Monica*。”

此后，他的每一张专辑都获得空前的关注度和销量，更是获奖无数。那一个又一个的白金唱片销量，一个个音乐奖项，都是对他的嘉奖，是他音乐上的勋章。

的确，每个时代都有引领这个时代的声音，后来就会成为时代的代表，这也是歌曲的意义之一。

纵观20世纪80年代的香港乐坛，张国荣绝对是风云人物之一，他的成长、辉煌、曲折往事，与香港乐坛的兴衰刚好吻合，他是那个乐坛黄金年代的发光体，同时也是这辉煌起落的见证者。

梁文道曾说：“香港人对于张国荣和梅艳芳的怀念，也是对那个黄金年代的怀念。那时候香港处于文化输出地位，从一个港口城市变成一个国际大都市，香港人在他们身上看到了自己对文化的认同，找到了香港人的自信。”

20世纪60年代开始，香港乐坛开始有初期的发展，国语和英语的歌曲影片是主流。

20世纪70年代，香港经济环境越来越好，自信的香港人越来越有本土意识，表现在他们更喜欢自己的粤剧和粤语歌。

20世纪80年代，香港乐坛开始走向鼎盛，张国荣就是在此背景下成名的。

粤语歌曲能够引领一大音乐浪潮，原因有很多。粤语是方言，但是它有九声六调，它更接近汉唐古音。如果把唐诗、宋词用粤语读出来，会非常好听，其原因就是粤语保留了很多古汉语的发声特征，语法和词汇也都有很多相似的地方。

粤语歌中有本土的中国文化传承，有民国遗风，又有东西方流行的元素，所以对当时的内地来说，这是一个新的窗口。而对于其他国家的人来说，粤语是中文写出和唱出的，是满满的中国文化，带着东方韵味和腔调，充满着异域风情。

许冠杰是粤语歌曲的第一代先行者，甚至可以说他是粤语歌的“开山祖师”，香港很多耳熟能详的歌曲都是他唱的，从1976年的《半斤八两》，到草根阶层最喜欢的《尖沙咀》《打雀英雄传》，很多歌曲都广为流传。甄妮、汪明荃、关正杰、罗文都是70年代后期的第一代流行歌手。

80年代开始，张国荣、谭咏麟、陈百强、梅艳芳以及钟镇涛等人是第二代粤语歌手。此时第一代歌手逐渐淡去，第二代歌手开始闪耀乐坛，张国荣无疑就是那个站在乐坛风口浪尖上的人。

在当时，电视是新兴媒体，是比传统的报纸和电台更吸睛的。很多歌曲都是热播的电视剧、电影带红的，如歌曲《前程锦绣》《小李飞刀》《铁血丹心》《狮子山下》《家变》，等等。

在乐坛辉煌的时期，香港的唱片公司越来越多，竞争越来越激烈，优胜劣汰，不断有新秀通过歌唱大赛冒头。当时比较出名的词作者、音乐人有黎小田、郑国江、黎彼得、顾嘉辉、黄霑、卢国江、冯添枝、钟定一、鲍比达等，那一时期流行歌曲几乎都是他们创作的。但是本土的原创好歌毕竟有限，僧多粥少，自然有很多人选择翻唱了。

张国荣是实力唱将，有着天籁般的嗓音，是走在潮流尖端的人。很多和他合作过的人都以与他合作为荣，并且愿意继续和他合作，无论是他成名前还是成名后。

香港著名的填词人林夕非常欣赏张国荣，他说自己最大的成就就是给张国荣的歌作词。张国荣不缺写歌作曲的人，但是他需要最流行的“DNA”，才能把才华发挥到极致，于是才有了那些改编歌曲。

那时日本音乐是亚洲音乐的先行者，先于香港走向成熟鼎盛时期，歌坛上涌现了一大批有才华、有实力的歌手，谷村新司、山口百惠、西城秀树、玉置浩二……

每个人对音乐的理解和演绎都是不同的，用心聆听会发现，无论是什么样的歌曲，经过张国荣的翻唱，都会变成他的。经过再创造式演绎，他唱的很多版本都是超越原唱的。他在不断打破重组中提升。

梁文道和林夕曾经讨论过，乐坛中陈奕迅走的是张学友的歌路，李克勤接力了谭咏麟，只有张国荣，没有任何一个人能接力张国荣。他们惋惜，世间再无第二个张国荣了。

如果用佛家的角度来说，种如是因，得如是果，花果齐生。

绮丽

傲骨迎风而战

Part 4

人生第一场演唱会

1985年5月14日，张国荣发行新专辑《为你钟情》。从1978年发行第一张专辑*Day Dreamin'*开始，《为你钟情》已经是他的第六张专辑。历经多年奋战，张国荣也迎来了他的第一次个人演唱会。

人的一生中，会有很多第一次，未必是最完美的，却一定是最难忘和最有意义的。

红馆，香港红磡体育馆的简称，这个名字对很多人来说不陌生，因为它曾出现在报纸、电台、电视、网络等各种媒体中，无论新旧媒体如何更替，红馆还是那个响当当的红馆，是所有歌手梦寐以求的唱歌圣地，也是歌迷们和偶像近距离接触的地方。演唱会，是和屏幕上看到、音响中听到的完全不同的存在，只有亲临现场才能体会到那种激动和感动。

那一天，红馆外站满了迫不及待的歌迷，无数少男少女拿着演唱会的票排队入场，脸上充满了兴奋及期待。票上写着“张国荣演唱会”，还有华星公司加盖的印章，照片中张国荣穿西装，手上拿着一顶帽子，笑得开心极了。红馆一次可容纳12000名观众，门票从发售开始就被抢购一空。因为很多歌迷买不到票，于是连连加场，从原定的三场演唱会加到五场，最后加到了十场。

1985年8月2日，“百爵张国荣夏日演唱会”正式开始了。人未至，声先到，“为你钟情，倾我至诚，请你珍藏这份情，然后百年，终你一生，用那真心痴爱来做证”。舞台上四角灯光闪烁，清澈的音乐声中，张国荣的歌声如同春风拂过湖面，涟漪荡漾在了每个歌迷的心上。

漆黑的观众席上，歌迷们在寂静中等待，伸长脖子屏息聆听，生怕错过一丝细节。伴着节拍，音乐声开始加速，人们的心脏也开始加速跳动，炫彩的灯光以舞台中心为圆点开始闪烁律动，一束光打在了中间，张国荣的身影从光束中升起，蓝绿色的西服和格子裤，高昂着头，右拳向天。

难求缘分至/难求全合意/一生总有第一次/何妨平淡试/何妨全力试/不要问我非与是……

这开场第一首歌，就是收录在专辑中的新歌《第一次》，这首歌作为首曲非常应时应景。

一曲结束的时候，张国荣向歌迷们致谢，随后说出一些感言："1985年的夏天，是我一个值得回忆的夏天，因为我终于交出了我的第一次。"观众席响起热烈的欢呼声，"第一次"这个词，总是伴随着很多美好，成为生命中的唯一。这是张国荣第一次开演唱会，歌迷们第一次来听演唱会，的确是彼此间美好的第一次。

"为了保证这第一次，不会是我的最后一次，所以我将会……"他开始做出游泳的动作，歌迷们立刻猜到他要唱什么了，是那首《默默向上游》。

成功不会骤然降/喝彩声不想白白承受/求能用心/求能用功/求能做好歌手/像怒海的小孤舟/冷雨凄风继续有/我愿那苦痛变力量/默默忍泪向上游

他把之前唱的"求能做好鼓手"改为"求能做好歌手"，"鼓手"是当年那部电影中的角色，而"歌手"是今天的身份，代表的是今天的自己。对比上一次的歌声，这一次，其中的苦涩艰难不在了，更多的是感慨和感激。这一年张国荣29岁。

*American Pie*是当年张国荣参加歌唱比赛的曲目，在第一场演唱会中，当然也是必不可少的。如今的他台风稳健，这是他在无数次的演出中磨炼出来的。在上万双眼睛的注视下，他也没有感觉不安，被这么多喜欢自己的人环绕，这是歌手最幸福的时刻。

接下来是他的成名曲*Monica*，他笑着说这首歌一唱就是大场面，还请大家和他一起唱跳，歌迷们大声地回答“好”，喊声震天。现场听歌是最让人震撼的，舞台效果为歌曲的呈现加持，华美与绚烂交织。

随着科技的发展，在顶级的视觉圣殿，悦耳的听觉天堂，演唱会给人的感动与撼动是无与伦比的。主持人蔡康永说：“喜欢一个歌手，一定要去看一场他的演唱会。”万人同频在一首歌中，这是只有演唱会才有的音乐气氛，由舞台、伴奏、歌手和观众共同组成。

张国荣一边唱着歌，一边在舞台上奔跑起来，当他靠近观众席的时候，一双双热情的手立刻伸过来，短暂握手就能让人热泪盈眶，一枝枝鲜花，一份份好礼，是歌迷的真诚的心。

等唱完《片段》时，黎小田出场了，他是张国荣音乐道路上的伯乐，张国荣尊其为恩师，他们亦师亦友。张国荣唱了一首《侬本多情》，黎小田为他弹着钢琴，一唱一和，配合得天衣无缝。

一首舒缓唯美的歌曲结束，两个人又一起合唱《蓝色忧郁》，他们跟着节拍在舞台上奔跑起来，配合默契。

张国荣的演唱会，当然少不了好友梅艳芳的助阵，何况他们同在华星。“你们知道谁来了吗？Anita！”喊出梅艳芳的英文名时，张国荣的声音都在笑。张国荣唱了前半首《逝去的爱》，随后下场换装，舞台暂时交给了梅艳芳，当她唱完后半首的时候，张国荣又回到舞台，两个人一起唱了首轻松的《再共舞》。他们之间的默契绝不是一朝一夕能产生的，是在多年的合作表演中形成的。

一曲终了，张国荣开始和歌迷们细数两人的那些事儿：“梅艳芳这个人呢，就好像你们所想的那样，很爽朗、很有义气。我记得去年跟她在加拿大唱歌的时候，一到那里我就水土不服了，不能唱歌，她就整晚练歌……”后来，梅艳芳把张国荣要唱的歌全都练熟，然后独力完成了演出，这就是他们之间的义气。两个人牵着手，一起唱了他们的《缘分》。歌曲结束，梅艳芳原本要下台离场，可台下响起了“安可”的声音，于是她又唱了一首《似水流年》。

观众席中还有一位嘉宾钟保罗，他并没有上台。张国荣细心地让灯光师给老朋友一个镜头，钟保罗挥手致意。随后提起三剑客的故事，他很怀念，说当年一起拍戏很开心。陈百强上台了，不善言谈的他说：“恭喜你Leslie，百尺竿头！”他奉上了诚挚的祝福。两个人一起合唱

《喝彩》，陈百强下场的时候，张国荣提醒灯光师为其照亮台阶。无论恩怨是非如何，他们还是希望彼此过得好。

美好的时光太美好，以至于再长的时间，也觉得短暂。演唱会的最后，张国荣对公司、赞助商、嘉宾以及所有工作人员致谢，随着一连串的感谢出口，演唱会也接近尾声。

这场演唱会不是张国荣最好的一场演唱会，但是这是他的第一次，一路走下去，没有这第一次，就不会有未来更好的那一次。

作为歌手，张国荣用心唱每一首歌，跳每一支舞曲，他用歌声去拥抱歌迷，让人在歌声的鼓励中成长，也在歌声的陪伴下变得更好。

刹那即永恒

1985年香港十大劲歌金曲颁奖典礼，已经是TVB举办的第三届颁奖典礼，强大的娱乐吸睛能力和商业影响力使其受到万众瞩目。主持人依旧是喜好以男装示人的香江才女俞琤，她已经连续三年担任香港十大劲歌金曲颁奖典礼的主持人，是香港有名的金牌司仪。

开场是一曲劲歌串烧《十分十二吋》，二十多首入选的当红金曲，每一首只截取一部分精华，每个歌星也只唱一部分，串起来竟然天衣无缝，后来的串烧歌少有能与之争锋的。张国荣的部分是《不羁的风》《少女心事》《第一次》《全赖有你》和《我愿意》。

在这首串烧歌中，林子祥的表演劲爆奔放，许冠杰和罗文挨肩搭背，谭咏麟满场游走，梅艳芳的低音魅惑，张国荣忘情摇摆，张学友还满脸稚气，陈慧娴甜美可爱，一众青春丽人肆意舞动青春，当真欢乐无限，这首歌曲燃爆现场，为颁奖典礼热场升温。

这次颁奖典礼增设颁奖嘉宾的环节，嘉宾与歌手的互动也为典礼增色，更添欢乐气氛。第一位上场嘉宾是1977年香港小姐冠军朱玲玲，第一首获奖歌曲是谭咏麟的《爱情陷阱》，第二位颁奖嘉宾是写出《沧海一声笑》的风流才子黄霑，第二首歌曲是乐坛新人张学友的《情已逝》，第三首获奖歌曲就是张国荣的经典歌曲《不羁的风》。

随着钟楚红念出《不羁的风》的名字，张国荣在观众席上潇洒起身，跳下台阶，他利落地快步上台。在接过奖杯后，张国荣就捧着奖杯微笑致谢。好笑的是，还没给主持人和嘉宾反应的时间，张国荣就快速将手中的奖杯丢到钟楚红的怀中，然后一路跑了下去，真的像是一阵不羁的风。“从前如不羁的风不爱生根，我说我最害怕誓盟，若为我痴心便定会伤心，我永是个暂时情人，曾扬言不羁的心只爱找开心，快慰过了便再独行……”

其实张国荣这一次上台如此匆匆还有一个原因，当时他因为蔡枫华一句失言而是非缠身，很怕主持人和嘉宾提及。这件事发生在几个月前，劲歌金曲第二季季选的典礼上，主持人蔡枫华说：“刹那的光辉未必是永恒。”旁边的女主持人卢敏仪立刻意识到这句话不妥当，强行插话，但是在直播现场说出口的话，已经难以挽回了，这句话后来因为多方面的原因而愈加发酵。

就在张国荣百爵夏日演唱会的晚上，亦是无线TVB举办1985年度劲歌金曲第二季季选的日子。这次季选歌曲颁奖典礼上，张国荣有入选获奖歌曲，但是并没有出席颁奖的现场，因为他在开演唱会。对于这一点，主办方也是有考量的，一般获奖者不能参加典礼，按前例来说就不颁奖给这个歌星，但是当时张国荣的歌已经太火了，如果这么火的歌没有得奖，那奖项的权威性显然会被质疑。

而且张国荣是华星的歌手，而华星又是自家公司，无论如何也不该将奖项拱手让人。权衡利弊，无线TVB打破惯例，专门为不在场领奖的张国荣设定了一个与众不同的得奖环节。那一天，TVB派出了一个拍摄直播团队，有外景主持人亲自登上演唱会舞台把奖杯交给张国荣，而电视台这边也连线直播。

电视节目《劲歌金曲》前面公布了六首获奖金曲后，画面就切到了红馆演唱会现场。外景主持人邓丽莹站在张国荣的身边，宣布他有两首歌曲季选获奖。“第七首，张国荣《不羁的风》；第八首，张国荣《我愿意》！”现场歌迷更加沸腾了，一片欢呼雀跃声。

张国荣接过奖杯和鲜花，向主持人致谢：“多谢！”邓丽莹俏皮地说：“我颁奖给你，你要回送什么给我呢？”张国荣就笑着说两首歌都已经唱给你了。随后，邓丽莹又适时说出歌迷的心声：“我相信所有歌迷都希望再一次听你唱出这两首得奖歌曲，是不是？”一边说还一边看向观众席，歌迷们当然高声喊“是”。

张国荣开始演唱《不羁的风》和《我愿意》，歌声终了的时候，邓丽莹再次登场，她说：“我想借你演唱会的时间，宣布《劲歌金曲》的第九首入选歌曲，你愿不愿意？”

张国荣笑了：“你猜我会怎么做？我要先亲你一下。”说完还真的冲上去在女孩的脸颊亲了一下，气氛又是一个小高潮。邓丽莹随后公布：“《劲歌金曲》第二季季选第九首入选歌曲……《少女心事》！”张国荣不禁乐起来，想不到自己能有三首歌曲入选。张国荣又唱了这首《少女心事》。

无线电视台方面在歌曲演唱结束的时候，没有把画面切回节目，反而继续播放电视节目主持人卢敏仪和蔡枫华的声音。

卢敏仪：“《不羁的风》《我愿意》《少女心事》，Leslie破纪录了！”蔡枫华：“不如我们再次听Leslie唱下去，这是一个难得的机会。”卢敏仪：“当然了，在红磡接受《劲歌金曲》的颁奖，真是破纪录！”伴着两位主持的旁白，张国荣唱了《爱不是游戏》，这首歌的原唱刚好就是蔡枫华。

一曲终了，张国荣说：“刚才那首歌是我个人很喜欢的歌。好歌，只要是好的歌，我都喜欢唱，例如下面说的Danny陈百强……”张国荣调侃地说，他不会来捧我的场，还戏说他写了歌也不给我唱，然后就又腰调皮地说："我自己唱！"

演唱会还在继续，电视台这边也把画面切过来了，演唱会的声音还是背景音乐。

蔡枫华说："其实一个歌手，歌曲入选与否并不是问题，我自己的《爱不是游戏》没有得奖不要紧。但是我希望当歌手的，无论是别人的歌还是自己的歌，都会一样欣赏。在这里，我诚心恭喜张国荣，但刹那的光辉未必是永恒。"卢敏仪见他表情凝重就觉得不对了，此时见他越说越不对连忙打断了他："我想这里很多观众都是支持阿ken你的，还有，好的歌曲和好的歌手都会得到大家的支持，让我们先看广告，回来还有一首好听的歌。"

这次节目播出之后，立刻引出了一场风波。张国荣的歌迷说蔡枫华"眼红张国荣"，但是当事人张国荣知道后反而没有太在意，他知道蔡枫华只是心直口快。但是没想到这场风波却越闹越大，媒体的过分曲解，有敌意的黑粉刻意歪曲，所有人被席卷进蔡张大战的战火中。

蔡枫华原也是颇有名气的歌手，原本星途一路平稳的他，在失言后事业开始走下坡路。他失去了《劲歌金曲》的主持位置，很长一段时间没有工作机会，后来在一档深夜的音乐节目《逝影留声》中当主持人。蔡枫华一直坚持自己不需要向张国荣道歉，他认为这只是一个误会。

娱乐圈是个瞬息万变的地方，每天都有新的偶像崛起，也有更多人淡出大众视野，这些都是需要每一个明星面对的，也许他的舞台生命很久，也可能转眼间就泯灭人潮了。

如果用佛家的角度来说，种如是因，得如是果，花果齐生。

乐坛争锋之谭张大战

张国荣与谭咏麟，从未想过决一雌雄，却挣脱不开无形的战场。“谭张争霸”持续十年之久，两大音乐天王争霸角逐，是将香港音乐推向亚洲的开端。

20世纪80年代，虽然是没有互联网的时代，更没有电脑和智能手机，但是明星们的是非以及粉丝们之间的较量却一直暗潮涌动。

此时的张国荣和谭咏麟在香港乐坛是平分秋色的超人气歌手。谭咏麟在1979年发行第一张专辑，一曲《爱在深秋》几乎让全世界的华人都记住了他。1984年，谭咏麟的《爱的根源》和《雾之恋》两张专辑，获得了空前的好销量，在香港红磡演唱会又创下了连开六场的最高纪录。从1984年到1987年，谭咏麟蝉联四届最受欢迎男歌手，各种金曲奖更是拿到手软。

反观张国荣的成名之路，默默熬了八年才靠*Monica*而一曲成名，粉丝和人气当然没有成名多年的偶像积累得多。如果从时间上来看，谭咏麟算是张国荣的半个前辈，而他们两个人的所谓谭张争霸，主要就是香港的一些媒体为博眼球而煽风点火引显然起的。

张国荣的歌红，媒体就报道谭咏麟可能拿不到奖了，有人说“后来者居上”了。可是这个“居上”是谁说的？张国荣没说，可也没法澄清。谭咏麟没法否认，更不能承认。任何一方的沉默，都没能让局面有所缓和。这些报纸利用文字引导舆论，粉丝们爱屋及乌，用心维护自己的偶像，在不知不觉中就被引导对立了，也在不知不觉中开始仇视对方。

1985年，张国荣的红馆演唱会连开十场，打破了前一年由谭咏麟创造的六场的纪录。剑拔弩张的局势日渐白热化，媒体和唱片行业反在其中牟利。从小处说，唱片店会在门口写上两人专辑的实时销量，今天写着谭咏麟300张、张国荣330张，过几天看谭咏麟的粉丝买得多了，再把谭咏麟的数字加多些，这样张国荣的粉丝又来买了，以此刺激粉丝们的购买欲。

硝烟弥漫，张国荣与谭咏麟还未发话，两家歌迷却先闹到了水火不容的地步。台上，是两位歌手的战场，台下，是两家歌迷的战场，一时间，好不热闹。

媒体是在专辑销售前夕就制造舆论、激发矛盾，这样才能引出更多的新闻热点，有吸引力、有热点才能提升报刊的销量。张国荣和谭咏麟其实从未表现出任何不和的迹象，而且都在公开的场合对彼此表达善意和尊敬，更不是什么竞争对手，可还是没有什么成效。看似是两个人的谭张争霸，实际上是媒体和唱片行业的手段。

1986年香港十大劲歌金曲颁奖典礼盛大开启了，不同于前一年典礼上一派祥和的欢乐氛围，这一天硝烟滚滚，大战一触即发。

媒体早就爆出了消息，称张国荣是这一届的最受欢迎男歌手，谭咏麟会有三首歌入选金曲奖云云。歌迷们在没得到确切消息的情况下，不满情绪日益增长。张国荣的歌迷认为自己偶像的歌才该拿奖，而谭咏麟的粉丝认为自己的偶像才是最佳男歌手，双方都认为自己的偶像没有得到公正对待，甚至认为两个奖都该自己偶像拿。

这一天，谭咏麟没有到场，但是他的粉丝来了很多，因为担心偶像拿不到奖，从进场就开始声势浩大地高喊Alan的名字。张国荣的粉丝也不肯示弱，极力为偶像加油鼓气。台下两方歌迷壁垒分明，台上歌星也势成骑虎。两方粉丝对立良久。

忆及过往，张国荣感慨良多，他道：“从事娱乐工作至今，观众一直未停过把我与某某比较。我不知为什么如此，总是把无关的事情扯到我身上，最初我是极不喜欢，因为人比人，永远是比死人，我可能比其他人好，但全世界人才辈出，我又怎能够永远抱着胜过他们的心理？”

“我只是希望做好自己本分，使喜欢我的人继续喜欢我，使最初不喜欢我的人，至少不要恨我，我已经感到满足，因为我不是圣人，不能够让全世界都要和我共鸣。”

人生几多无奈，心之所想之事，未必需要众人皆知、皆懂。

1987年1月8日，“1986年十大劲歌金曲颁奖典礼”在香港红馆拉开帷幕。开场的锣鼓声震天，旌旗招展，身着粤剧服饰的舞蹈演员粉墨登场，帅旗上写了入选歌手的姓，兵旗上写着入选歌曲名称。

在后台候场的时候，张国荣迷惑地对梅艳芳说：“我心里真是有点难过，为什么那些人要用这样的态度来对我呢？”梅艳芳劝慰道：“没关系的，我了解你的感受，不要太介怀了。”

当晚最后颁布的是最受瞩目的金曲金奖，颁奖嘉宾是利孝和女士，她身兼多个财团的董事职务，是一名大慈善家。“1986年十大劲歌金曲金奖是——《与谁共鸣》，张国荣！”此言 出，张国荣歌迷在欢呼，而谭咏麟的粉丝在嘘声，他们说这是假的。

张国荣开始演唱《与谁共鸣》，这是他自己非常喜欢的一首歌。

轻松对应/孤单中颤抖/可知我实在难受/问谁愿意失去了自由……

歌中那种难以找到共鸣、无人能懂的感受，都是张国荣的亲身感受，所以每次唱这首歌时，他的歌声中也总是饱含着一份真情实感。

在演唱歌曲的间隙，张国荣讲了几句话："有些人得到一点成就，需要用很短的时间。有些人要拿到一些东西，就要比较长点的时间。不过，至少我现在得到的东西，是我自己很用心去拿的。"

颁奖典礼之后，两家粉丝离场，部分情绪激动者大打出手，谩骂互殴，场面一时失控，还有歌迷流血受伤，事态非常严重。

心中有一位偶像，是让人想想就会感到幸福的一件事，但不是喜欢这个人就非得讨厌那个人，一旦陷入比较和争斗中，就忘记了当初的那份单纯美好。

世界不是非此即彼、非黑即白，永远有一条中道可以选择，人生是你自己的，完全可以有更多的选择。

东京音乐节

谁是谁非，谁胜谁负，终有烟消云散的一天，流传世间的只有那些经典的作品，可惜时人没有几个能够看透。从1987年初的十大金曲颁奖典礼结束后，张国荣和谭咏麟不由自主地被舆论推至巅峰对决的境地。粉丝们因为阵营对立，行为也愈加疯狂，甚至不可理喻。

一个普通的18岁少年，是张国荣的粉丝，他在茶餐厅吃饭的时候，听到邻桌有两个谭咏麟的歌迷在谈论歌曲，其间说了一些张国荣不好的话，少年当即大怒，拿着手里的饭碗直接扣在其中一人的头上，三个人就这样大打出手，直到被警察带去警局。这种情况在两方歌迷争斗中时有发生，争斗不在张国荣和谭咏麟本人，可却因谭张争霸而起，他们两个人自然要面对更多的压力。

张国荣的第一辆车是宝马323i，这是他出道不久的时候给自己买的车。谭张对垒后，他的车停在哪里都会被谭咏麟的粉丝用一些硬物刮花，他坐的公司的车也一样。当然，荣迷们也会如此回敬谭咏麟的车子。张国荣收到过很多的歌迷礼物，当他收到谭咏麟歌迷寄给他的冥币、明器的时候，他简直惊呆了，他没有想到会有人恨他恨到想让他去死，这不是一个恶作剧，是毫不留情地诅咒他早点死。

在《劲歌金曲》季选的舞台上，张国荣上台后又遇到了谭咏麟歌迷喝倒彩，他只好匆忙地先行离场了。张国荣和谭咏麟都避免同场演出，为的就是避免两方歌迷之间的冲突。张国荣曾经对记者说："私底下我和Alan是好朋友，我不介意和他一起演出，最麻烦的是他的歌迷不喜欢我，每到我出场都会发出大堆嘘声和说些难以入耳的话，你不是我，你不会领会到我的难受。"

谭咏麟得的奖太多了，有媒体影射他的一些奖项是买来的，张国荣的歌迷们就嘲笑他的奖项都是买来的，在1987年、1989年两年之间，谭咏麟每次得奖都会被嘲笑是买来的。当时的香港《明报》也曾报道过这场"买奖"风波，文中用了"传闻""据说""内幕"等字眼。在一次颁奖典礼上，谭咏麟的歌又拿到了一个奖项，下台后，他经过一间更衣室，听到了里边在谈话，一个人用夸张的语气说："又是他拿奖？真是阻住地球转！"谭咏麟听了，特别伤心。

这一年发生很多事，可谓风波不断，也是在1987年，张国荣离开了老东家华星，加盟新艺宝。

事情要从年初的那场颁奖典礼说起，张国荣在典礼之后在后台遇到陈少宝。陈少宝是新艺宝唱片公司的总经理，他见张国荣被歌迷堵在后台出不去，两个人于是攀谈起来。原本张国荣所在的华星音乐公司发展得很好，但是在人事上发生了一些变动，经纪人陈淑芬决定离开，张国荣已经和她有了默契，希望继续搭档，于是决定和她新成立的“恒星娱乐有限公司”签下经纪人合约。

陈少宝早就想尽办法地联系陈淑芬了，希望张国荣也能加入新艺宝唱片公司。但是新艺宝仅仅成立一年时间，相比华星来讲还不成熟，毕竟华星是有着梅艳芳、甄妮、罗文等众多巨星加盟的实力唱片公司。陈少宝是做DJ出身，他兴致勃勃地跟张国荣谈起公司对未来的畅想，还说了很多作为一家新唱片公司能给张国荣提供的各种优待。也许是他的诚意打动了张国荣，也许是看中了新公司能获得的自由度，张国荣竟然真的同意了，只要和华星的合约到期就会和新艺宝签约。

1987年5月，新艺宝唱片公司和新艺城电影公司共同举办了一场记者招待会，公布张国荣签订新的电影合约的同时，也正式加盟新艺宝唱片公司了。原本是老东家挽留、各大唱片公司争抢的顶级歌手，竟然签约了新艺宝这家新公司，太出人意料了，有媒体称其为“香港音乐史上最轰动的歌星跳槽”。

张国荣加盟新艺宝唱片公司之后，陈少宝与陈淑芬一起为他量身策划了下一步的歌坛之路。这个时候，一个比较难得的音乐表演活动来了，而且是一个让张国荣和谭咏麟都不愿意拒绝的同台表演机会。

东京音乐节邀请了张国荣作为表演嘉宾前往演出，这样一次亚洲举办的国际性音乐节，张国荣当然不会拒绝，而谭咏麟也同样是受邀的演唱嘉宾。音乐节要求歌手一定要表演原创歌曲，于是陈少宝请郭小霖为新歌谱曲，日本人船山基纪编曲，林敏骢填词。这首歌不仅是张国荣要在日本音乐节上演唱的曲目，还是他加入新艺宝的第一首歌曲，会成为新专辑的主打歌。

林敏骢的歌词姗姗来迟，传真机传来了三段歌词，还有林敏骢的一句话："歌名你写！"此时东京音乐节已经三请四问张国荣的参加曲目了。张国荣看到歌词后说："就叫《无心睡眠》吧！"相比陈少宝和陈淑芬的焦灼，搞创作的主创人员反而轻松许多，张国荣更是一派轻松的样子。直到音乐节演出的前两天，《无心睡眠》的录制工作才在日本完成，从演唱、录音到拍摄封面照，一切都紧锣密鼓。为了宣传得更好，陈淑芬邀请了几位资深的香港记者来日本，专为报道张国荣在东京的演唱以及新专辑推进。

抵达东京音乐节的记者招待会时，还发生了一件巧事，张国荣和谭咏麟几乎同时到场，下车时才发现彼此穿了同款的粉红色西装，两个人都有点尴尬，张国荣便说：“我们可以跟人说这套是中国香港队的制服，我们是中国香港代表！”一句话轻松地化解了两个人的窘境，他是个情商很高的人。

后来谭咏麟提及这次撞衫，仍然觉得很受感动。张国荣也曾说：“我们之间并没有什么，一直是朋友。但是我们的歌迷闹得太凶了，这令我们见面会有些尴尬。”

演出当晚，先出场的是张国荣，他一边用日语和大家打招呼，一边拿出一张提示小卡片。因为是自己不熟悉的国度，念着自己不熟悉的日语，张国荣少见地露出几分羞涩，像个可爱的大男孩。这首歌曲起调浅唱低吟，后面越来越燃，张国荣的舞台魅力全开，歌曲高潮部分燃炸全场。

> 忧郁奔向冷的天/撞落每点小雨点/张开口似救生圈/实验雨的酸与甜/卷起心爱的香烟/弄着脚底的软垫/酒醉与心碎心碎勾起乌烟一片/WHOO/无心睡眠/WHOO/脑交战……

随后上场的是谭咏麟，他唱了一首*Jealousy*。最后，张国荣、谭咏麟和日本歌手森进一、韩国歌手赵容弼等四人一同合唱了日文歌《维也纳之东》。这一趟东京之行，非常圆满。

这首《无心睡眠》让张国荣在异国的舞台上大放异彩，歌曲在中国香港本土也很快流行起来，成为他的代表作之一。

彼此相争亦是彼此成就

1987年8月21日，张国荣加入新艺宝之后的第一张专辑*Summer Romance'87*正式推出，高调登场且不负众望地赢了一个满堂彩。

这张专辑在他音乐生涯中有里程碑式的意义。音乐上他的风格大气而有国际范儿，声音中那种低音带着磁性的特质得到了更大程度的释放。新专辑收录了10首粤语歌，快歌、慢歌各一半，《无心睡眠》是主打歌，《情难自控》《妄想》都好听又意味深长，经典的歌曲《倩女幽魂》也收录其中。

《倩女幽魂》充满了浓浓的“中国风”韵味，黄霑的古诗词功底极强，他把东方文化中的神鬼和东方人性格中相信宿命的那些点都融合到歌词中，让这首流行歌曲有了很深的东方式文化底蕴，再由张国荣宽厚磁性的中音演绎出来，堪称经典。

新专辑很快就卖出了六白金的高销量，一路攀升成为本年度香港销量最高的唱片。这张专辑也是内地引进的第一张张国荣粤语专辑，内地版名为《浪漫》。好消息还在不断传来，这张专辑被评为第八届中文歌曲擂台颁奖礼大碟奖、第十届十大中文金曲CD镭射大奖、1987年度IFPI香港唱片销量大奖本地白金唱片大奖等。

专辑外包装上面的照片是在日本东京音乐节前夕拍摄的，请日本有名的摄影师NouHaru Kondo执镜。照片中张国荣是名门贵公子的范儿，穿了一件浅柔的橘色内搭，白衣白裤，手插在兜中，身旁是一个乐谱架，背景是一面满是几何图形的艺术墙，把日式的精致优雅和中国港式风情融合，充满了含蓄的东方现代美。专辑中部分歌曲是由日本音乐人编曲。跨地域、文化的人共同完成的作品，融合了不同维度的思想，成就了这张经典的音乐专辑。

专辑中《无心睡眠》最受歌迷喜爱，张国荣在日后很多演出中经常会唱这首歌。在年度香港十大劲歌金曲评奖中，张国荣的《无心睡眠》加冕“金曲金奖”，而谭咏麟则是再次赢得“最受欢迎男歌星”荣誉，无可避免地两个人的歌迷又对上了。

两位顶级歌手的被迫对决愈演愈烈，报纸会用各种所谓的“真相”和耸动的标题，比如“最受欢迎男歌手奖本应由张国荣获得”，文中内容就是“传闻当晚获奖者与原定内容有出入”“节目单上曾有涂改液涂改痕迹”等等，还编出“张国荣向梅艳芳表示心里难受”之类的无根据剧情。两方歌迷们受到影响，口水战一直不停。

人红是非多，两个人不同台，就说他们不和，如果同台，就把同框的两个人加上经过设计的“对白”发出来，很多时候他们都非常无可奈何。假如两个人的巅峰时刻可以错开那么一点点，也许就不会有这么多是非。可惜这个世上没有假如。

在这场没有硝烟的争斗中，谭咏麟终于忍不住发声了。1988年2月13日，在红磡体育馆的第十届十大中文金曲的颁奖典礼上，张国荣的《无心睡眠》获奖，而谭咏麟获得了IFPI大奖。在掌声和欢呼声中，他说了一番让所有人震惊的获奖感言：“因为我今年获得好多奖项，亦获得特别多的大奖，特别多的是非。这些奖项带给我很多启示，亦看清楚很多东西，因此我特别珍惜得到的奖项，今年我得到的奖将会是——我在乐坛的最后一次。在接下来的日子里，我决定不再参加任何歌曲及比赛节目，这不代表我退休，因为我舍不得你们。因为我觉得这几年所有的奖项，对我而言是重要的，但或许对其他人，对 些新人更重要……”

谭咏麟一手拿着话筒，一手握着拳头，可以看出这番话他已经反复思量过很久，他是坚决的。可他越说越慢、越说越低沉的声音，还是流露出他的一分不舍。听到他的话，场下喜欢他的歌迷已经控制不住情绪，大声地喊："Alan，别走！"

作为歌迷，不能接受自己心爱的偶像做出这样的决定，他们将自己愤怒的情绪都投射到无辜的张国荣身上。歌星的光环，看上去很美，但也会成为束缚。其实从后来谭咏麟的歌路来看，他的决定是明智的，歌坛本就该百花齐放各自闪耀，在有竞争、有压力的环境下才能出精品。谭咏麟在日后持续推出新作，在音乐的路上走得更远。

谭咏麟是第一个说出只唱歌不领奖的歌手，他这一退给了自己更多的发展空间，但是他这一退也让张国荣站到了众矢之的的境地。

当时的张国荣是震惊的，他一个人躲到了洗手间吸烟，借此平复心情，在随后所有得奖歌手共同上台时，他也没有登台。谭咏麟的歌迷已经气势汹汹地在门外列队等着张国荣，有的歌迷在哭，有的歌迷喊："都是张国荣害的！""都是张国荣逼走Alan！"他们用各种不当的言语发泄愤怒，言辞激烈。

其后的两年，张国荣只要得奖，就会被人说是"谭咏麟退下战线，张国荣方能得奖"，如果没有得奖，那么就会被说"谭咏麟都退出了，张国荣还拿不到奖，可见有多差"。这是谭咏麟的歌迷们不断宣扬的结果，直到张国荣宣布"退出歌坛"，这一场谭张大战才画上句号。

这一场争斗，难解难分，但是也正因为争斗得激烈，反而对乐坛乃至影坛都起到了推动作用。虽是彼此相争，亦是彼此成就，也让彼此更上一层楼。

当时的乐坛竞争，还延伸到影坛的对弈。张国荣和周润发演绎了电影《英雄本色》，而谭咏麟和成龙合作了电影《飞鹰计划2：龙兄虎弟》，张国荣唱了主题曲《当年情》，而谭咏麟唱了主题曲《朋友》，无形之中总是呈对垒之势。

这种对战避无可避，张国荣出演《胭脂扣》《倩女幽魂》，谭咏麟上映《至尊无上》《阴阳错》……

这是一场没有硝烟的战争，也是一场彼此成就的战役，不必计较谁多卖了几张唱片，更不必计算谁的片子更卖座，谁胜谁负本不是最重要的。那些歌曲都成为经典，那些片子也流传至今。他们都赢了，他们都在征战中展示出了自己超凡的偶像魅力，他们用作品赢得了更多的粉丝，他们在过程中成就了自己。

这是香港乐坛、影坛最兴盛、竞争最激烈的时期，双星璀璨，交相辉映。当往事随风，这会是最让人怀念的一个时期。

时代会越走越远，但是情怀依旧，总会有人怀念那个时代。

星辉

聚光灯下的万人迷▼

Part 5

警匪片中的卧底英雄

在很多人的记忆中，始终难忘港片中这么几句经典的对白："我不做大哥好多年了……""不要再叫我阿杰，叫阿sir。""我不见了的东西，我自己一定要拿回来。"其中阿杰就是张国荣饰演的宋子杰，这部片子就是有名的《英雄本色》。

《英雄本色》在电影史上的地位，已经毋庸置疑，在香港乃至世界的多少电影评选颁奖中，它始终位居榜上。它是香港黑帮电影、警匪片的鼻祖，是动作片中从功夫片到枪战片的迭代，被称为暴力美学的经典。无论后来人如何推崇这部片子，在当时却几乎无人看好，甚至几度拍不下去，拍完之后还一度被雪藏，可谓几经波折。

《英雄本色》由徐克监制，吴宇森导演，狄龙、张国荣、周润发主演。如今看到的黄金阵容，在当时并不被电影公司和投资商所看好。

吴宇森师从张彻，拍摄《英雄本色》的时候，他在台湾待了三年了，终日拍些没多少内涵的片子，偶有卖座却始终郁郁不得志。徐克反而因为之前吴宇森的引荐，在香港新艺城做得不错。两个老友重逢，徐克力邀吴宇森回港加入工作室，拍早在心中酝酿多时的《英雄本色》。

彼时，吴宇森颓势已久，新艺城公司对其持怀疑态度，这部片子是因为张国荣的加入才得以拍摄，此时的张国荣已经名声在外，可以说是票房的保障了，连投资商都是看中他才肯投资的。在拍摄过程中，张国荣还多次私下询问吴宇森剧组需不需要钱。而另外两名主演，周润发被人称为“票房毒药”，狄龙刚刚被邵氏辞退。

在张国荣的表演中，小警察的形象让人眼前一亮，他奔跑着穿过操场那一幕让多少人记忆多年，然而随着剧情的转变，他从天真烂漫的青春少年变得性格阴郁，做事冒进，他夹在宋子豪和小马哥两个男子汉中间，显得青涩幼稚，行事鲁莽，被坏人耍得团团转。但就是这样一个小警察，反而让人觉得可气又可爱，对于他来说坏人就是坏人，好人就是好人，而警察就应该抓贼，一切都是那么简单，至情至性。

张国荣过去演的角色多为青春偶像片，爱情为主题的偏多，从这部《英雄本色》，他开始从偶像派向实力派转型，他塑造的人物开始更加真实。浴室那一幕中，他看着镜子中的自己，一拳砸过去，那不是错位拍摄的，而是真的用尽全力地砸碎了镜子。

在《英雄本色》的续集中，张国荣演技得到全面升华，他将角色的叛逆收敛，从一个非黑即白、初出茅庐的青涩警校少年，到成熟稳重、冷静布局的卧底警探，反而更加内藏锋芒。面对大哥，他终于能够说出："我以前太冲动，也许经过这一次之后，我会更加了解你。"至此方显宋子杰之英雄本色。

历经成长和蝶变，张国荣和宋子杰也一同成长了。宋子杰已经学会了这个世界的法制，但是也成了走到末路的英雄，不得不面对这个世界的残酷和无常。

影片最后，宋子杰临死前的一幕，他用尽全力给妻子打了一通电话，妻子那时候刚刚生完孩子，他强撑着身体和妻子说了一会儿话，还给无缘见面的女儿起名宋浩然，才支撑不住地闭上双眼。身为一个卧底，警察要做的事情都已经做完了，英雄无愧天地，唯独愧对妻儿，张国荣将宋子杰那份对妻子的眷恋不舍演得无限凄美，让所有看到的人仿佛都感受到了椎心之痛。

《英雄本色》是翻拍白龙刚导演的作品，但是不仅在技术层面提升了，主创人员将自身的真情实感都投射进角色中，几乎颠覆了原作内容。在香港经济腾飞的年代，年轻人开始崇尚金钱至上，江湖道义、侠义精神都和冷兵器一样被束之高阁了，是这部片子唤醒了人们对于价值观的重新思考。

有人说这部片子这样暴力，是宣传暴力，那是没有体会到其中真意。暴力片的主旨就是反暴力，是对人心的救赎。在刺激眼球的同时，更多的是触动人心中的道德底线，弘扬道义的真善美。

吴宇森也曾经在采访中坦陈："我是反暴力的，我只是喜欢用一种激烈的情绪来表达一份感情，一个意境，或者一个意念。"影片的英文名字是*A Better Tomorrow*，片子中还有教堂、圣母、烛火、白鸽等象征和平的元素，都表明了反暴力才是片子真正要表达的。

张国荣说："我在这部电影里拼尽全力，并非为争什么，而是我的角色比上一集更有发挥，加上我们有过第一次合作的默契，自然演得更好，珠玉在前，观众再要求的是钻石，但我有信心不让他们失望。"

电影落幕后，张国荣和吴宇森、徐克、周润发、狄龙都成了朋友，戏中英雄，戏外本色。1986年8月2日，《英雄本色》正式上映，获得3400万港币的票房，创出了票房新高。续集在1987年12月17日上映当日一小时就卖完所有午夜场的票，总票房也高达2272万港币。张国荣获得第七届香港电影金像奖最佳男主角提名。

时代会越走越远，但是情怀依旧，总会有人怀念那个时代。

清俊书生痴情种

《倩女幽魂》是《聊斋志异》中的一个故事，在原著中只是一个简单的小故事，讲述一个书生和女鬼之间的爱情。1960年邵氏曾拍过这部片子，并不出名，直至1987年上映由张国荣主演的《倩女幽魂》，才让这个古老的鬼故事丰满起来，头戴巾帽、身披长衫的中国书生形象因此扬名世界。

1986年，在《倩女幽魂》开拍之际，监制徐克属意张国荣来演男主角宁采臣，但是张国荣没有一口答应下来，因为他不想穿着奇怪的衣服去演怪异的鬼故事，担心和自己前卫的形象不符。徐克看中了张国荣个性中的一些特质和主角非常契合，所以就把剧组为宁采臣设计的服装拿去给张国荣看，又专门给他讲解了剧情，使张国荣明白了这个老故事、新片子的非常之处。古装和鬼怪只是外在，核心还是要契合当代人的价值观念，片子终究是要给现代人看的。文弱书生宁采臣有一颗赤子之心，这份勇敢也最终打动了张国荣的心。

男主角确定了，女主角的人选却一直定不下来，中国内地、港台，以及日本都考虑过，迟迟难以抉择。就在这个时候，王祖贤得知《倩女幽魂》正在选角，便毛遂自荐了。因为聂小倩是纤弱女鬼的形象，原本剧组根本不会考虑王祖贤的，她学生时代就打篮球，身高有173厘米，形象属于阳光健康型。直到她换上了聂小倩的行头，一身白衣惊艳了在场所有人，聂小倩的角色就这样定下来了。

在颜值优先的娱乐圈中，由张国荣和王祖贤主演的《倩女幽魂》，光靠自身的气质已经很难被超越了。片头的主题曲，是张国荣演唱的电影同名曲《倩女幽魂》，伴着悠扬的前奏声，身着素色长衫的书生背着竹制的行李箱从山间走来。张国荣的歌声响起，“人生路，美梦似路长，路里风霜风霜扑面干，红尘里美梦有几多方向，找痴痴梦幻中心爱，路随人茫茫……”风餐露宿的荒山路上，他走路会摔倒，下雨才看见伞破了，指南针不好使，鞋子破个洞，他用布条绑上就继续乐呵呵地赶路……

从歌中唱的，再到眼前的落魄书生，宁采臣的人物形象和性格塑造出来了。少年人在人生路上有迷茫的时候，但是不会放弃自己的方向，保持着天真、乐观、无畏的精神，都在这一段开篇中展现了。

王祖贤饰演的女鬼聂小倩在荒凉的寺庙中出场，微风吹过，白纱在黑暗中舞动，伴着细碎的音乐，女声在吟唱，长发白衣的小倩一亮相即艳动八方，置身于幽森的画面中，仿佛更加空灵绝美。

张国荣和王祖贤饰演的书生和女鬼，衣饰和妆容不拘泥于传统戏曲中的繁复刻板。拟古而不复古，书生拙朴，女色清艳，自此后世所有的书生和女鬼仿佛都有着他们的影子。

宁采臣是个手无缚鸡之力的书生，和张国荣一直以来示人的形象不同，但是张国荣将书生那股呆萌软弱和气节坚持并存的特质都演出来了。书生看到强盗抢劫，无力制止只能呆呆地缩在一旁，杀强盗的人给他馒头，他被逼着委委屈屈地吃了，但是当人一走他就把馒头扔了，连嘴里的都吐出来，抱着行李就跑。

拍摄这部片子，“水”让张国荣吃尽了苦头。书生在荒山独行，风吹雨打无处藏身；书生被小倩略施小技落水；在小倩家的浴盆里边，书生又被藏在水下……那些和水相关的镜头都很美，最经典的当数水缸中的那一幕拥吻，这个绝美的桥段后来被无数电影复制到了银幕上。

这一幕“水下拥吻”，让张国荣病了很多天，因为拍摄时节正值严冬，接连三天的戏都是泡在水缸中浮浮沉沉，让他感冒了好多天。淋雨、摔跟头、吊威亚、泡水缸，无论多么辛苦，张国荣都没有找替身，所有镜头都是他亲力亲为。

《倩女幽魂》中的配乐几乎都是黄霑所作，每一曲都非常契合剧情。主题曲是张国荣唱的，后面还有叶倩文唱的《黎明不要来》和燕赤霞醉酒舞剑说唱的一曲《道》，都堪称经典。

毋庸置疑，从《倩女幽魂》的名字就可以看出这是一部鬼片，阴森恐怖是主调，但是它还完美地融合了浪漫唯美和嘻哈搞笑两种风格，不同的人可能对这部片子喜欢的点也不同，这也是片子的成功之处。

你可以说这是一部悲剧，也可以说是喜剧，你可以说这是爱情片，也可以说这是恐怖片，这些元素都在影片中穿插。把浪漫唯美、嘻哈搞笑和阴森恐怖，几种截然不同的风格融合在一起，商业片必备的几个元素都在这部片子中放大了，然后在此基础上再把艺术性做到极致，至此才有了这样一部惊艳的《倩女幽魂》。

1987年7月18日，《倩女幽魂》在香港上映。上映之初票房并不理想，因为时人对于古装片电影的关注度不高，黄霑于是让名下广告公司制作广告片为《倩女幽魂》推广，在广告和口碑的双重效应的推动下，《倩女幽魂》的票房在第二周开始大涨，票房收入累计2000多万港币。

《倩女幽魂》的成就不仅于此，它在古装片低迷时期掀起新的风潮，后来还在日本、韩国、法国、葡萄牙等多个国家上演，并且斩获诸多大奖。影片获得第24届中国台湾电影金马奖最佳改编剧本奖、第16届法国科幻电影节评审团特别奖、葡萄牙科幻电影节最佳电影大奖等。

2002年，张国荣在一次节目上被问到最喜欢自己的哪一部作品，他的回答是《倩女幽魂》。

负情怎是他的名字

《胭脂扣》是香港作家李碧华的成名作。听到李碧华这个名字，很多人可能觉得陌生，但是她的作品却是尽人皆知：《古今大战秦俑情》《川岛芳子》《霸王别姬》《胭脂扣》《饺子》《青蛇》等。

李碧华的很多作品都被改编成电影了，其中《胭脂扣》《霸王别姬》的主角都是张国荣。据说《青蛇》中的男主角许仙，李碧华也属意他来演，但是张国荣不喜欢这个角色，还说他太衰了，因而拒绝。

《胭脂扣》要改编拍摄电影的时候，在选角上遇到了问题，李碧华希望请张国荣和梅艳芳来演，但是张国荣是专属新艺城电影公司的，有合约在身，而《胭脂扣》谈妥的是嘉禾电影公司出品，两个电影公司是不可能合作的。嘉禾找的是郑少秋，但是郑少秋后来因为档期不能演。而李碧华是铁杆的荣迷，在选角一事上又特别坚持，认为如果不是张国荣和梅艳芳来演，她宁可让这个片子“胎死腹中”，于是事情就僵持了下来。

梅艳芳和张国荣的私交甚笃，当然也希望男主角由他来演，于是想到了一个绝妙的主意。由梅艳芳为新艺城电影公司演一部电影，张国荣再来嘉禾电影公司演《胭脂扣》，这样两个公司就都满意了。

1987年，《胭脂扣》正式开拍，风格细腻的关锦鹏导演执导，张国荣饰演纨绔子弟十二少陈振邦，梅艳芳饰演红牌妓女如花。在原著中，李碧华对十二少的描写，只用了八个字，“眉目英挺，气质温文”，前四个字就拒绝了脂粉气重的小鲜肉，后四个字又拒绝了那些粗犷的硬汉，娱乐圈适合这个角色的演员真的不多，李碧华的坚持自有她的道理。

张国荣对于演戏非常认真，有一幕是几个演员一起举杯喝花酒，因为镜头对着梅艳芳，所以她必须真的干杯，并且每一回都要仰头而尽，而周围其他人就没有这个必要了，于是很多演员都是沾沾唇而已，最多喝一口。李碧华注意到张国荣不同，他每回都把杯中的酒全喝进去，然后表现出酒醉、意乱情迷的神色，如果导演喊停，他就把酒吐掉，再换一杯继续，由此可见张国荣演戏的认真。后来，李碧华把这段往事也写到一篇文章中。

也许是张国荣的面容中还多那么一点天真，李碧华难以将那个原著中负情人的剧情完全放在张国荣身上，也许是李碧华太过偏爱张国荣，为了让人物更加契合，剧情也随之调整。因为在原著中，十二少见到如花惨死而转身要跑，根本就没有一起吃鸦片。在电影中，如花的爱是炽烈的，认为十二少没死也应该再死赴约，但是她没想过当爱人得知自己被下安眠药是什么样的心情，负情怎能是十二少？她爱她自己该是更多一些吧。

在两个人当年的场景变幻中，梅艳芳的歌声响起：

誓言幻作烟云字/费尽千般心思/情像火灼般热/怎烧一生一世/延续不容易/负情是你的名字/错付千般相思/情像水向东逝去/痴心枉倾注/愿那天未曾遇……

《胭脂扣》虽然是一部文艺片，但上映后取得了1500万港币票房的好成绩。这部电影获得了第八届香港电影金像奖最佳电影奖，梅艳芳凭如花这一形象夺得了金像奖最佳女主角奖，这也是她生平唯一。张国荣也被提名金像奖，但以一票之差败给了《七小福》的洪金宝。尽管如此，他获得的赞誉却一直被大家津津乐道。

温暖歌迷的心

张国荣是一个特别温柔的人，心思细腻，正是这份体贴让接触过他的人喜欢他，就连女性都不一定做得到。这是他人格上的魅力，柔软得直抵人心。

1988年，有一档叫作《周末碰碰车》的广播节目，节目中有一个环节是为听众准备的“梦想成真”活动。那一天，电台主持人车淑梅收到了一封来自联合医院的信，这封信是该院护士长黄洁如写的，信里讲述了医院中一位张国荣歌迷的事情。

这个病人只有19岁，医生和护士都喜欢叫他声仔，他已经到了骨癌晚期，身上长了肉瘤，一只眼睛失明，一只手要截肢，而且因为癌细胞扩散，他只能瘫痪在床上。这个少年已经没有多少日子了，他一直有个心愿，那就是见到自己最喜欢的歌星张国荣。

接到信后，车淑梅便设法联络了张国荣，告知联合医院小歌迷的情况。张国荣听说了声仔的事情，一口答应下来，当场表明自己一定会安排时间去看声仔。原本护士长也只是抱着试试看的心态写信，毕竟张国荣已经跻身一线明星行列，工作和行程都安排好了，普通人想见一面并不容易。让她没想到的是，张国荣竟然真的答应了。

在声仔生日那一天，张国荣身在澳门的外景地，通过车淑梅的节目，为声仔唱了一首生日歌："祝你生日快乐，祝你生日快乐……"声音通过电波传递到医院的病房中，声仔听到偶像唱给自己的生日歌，开心地露出笑容。演唱结束后，张国荣给远方的少年打气说："你要坚强地活下去，我会再给你打电话的。"虽然说的是再打电话，但是这一次联络过后，张国荣就让助理开始安排见面了。"一定要低调，这不是宣传活动。"这是张国荣要求的，并且强调一定不能让媒体知道，还要想办法避开跟拍的记者。

12月3日，张国荣低调地来到位于观塘区的联合医院，没有带任何人孤身前往。"您好，我想探望某某某。"虽然衣着打扮略有遮掩，周围的人没注意到旁边走过的是大明星，但是当他对着医务人员用低沉的嗓音说话的时候，还是被值班护士认了出来，他已经太有名了。他只是微笑着示意对方不要声张。

张国荣跟在护士的身后来到声仔的病房，声仔不知道自己心心念念的偶像要来看他，所以当他看到偶像真的站到自己的床边时，开心得无以言表。张国荣就像是看望弟弟一样和声仔聊天，真诚地温言问候。"我不痛的，不辛苦的。"床上瘦弱的少年得到了莫大的鼓舞。

张国荣带了自己的签名照和唱片送给声仔，还和声仔、家属以及几位医护人员一起拍了几张合照。探视结束的时间到了，张国荣最后对声仔说了几句鼓励的话，还承诺会给他打电话，和来时一样低调地离开了。从那天开始，张国荣每天都会给声仔打电话聊几句，直到6天后声仔离世。有天王巨星如亲兄长般的关心和问候，他在生命的最后一程也乐观以对。丧礼当天，张国荣给这个早逝的少年献上了鲜花。

依照张国荣的要求，这一段1988年末发生的小插曲一直不为人知，直到2009年才被世人所知。在联合医院的刊物上，刊登了一篇名为《一起走过35年》的文章，文中记录了张国荣和歌迷的这一段往事，文章被有心人贴到社交媒体Facebook的医疗专页上，19个小时就被分享了500次，吸引5000人点赞，自此公布于天下。网友、歌迷们纷纷称赞张国荣是“偶像的好榜样”，还有更多的人在帖子下面分享张国荣温情的一面。

在一个节目中，张国荣和60个粉丝一起拍摄一组镜头，有一个女粉丝摔倒了，牛仔裤都破了，张国荣第一时间走上前看她膝盖的伤处。事情过了几天后，这个女歌迷收到了来自偶像的幸运大礼包，一条新牛仔裤和一束鲜花。

还有一位网友分享，张国荣在一家医院拍戏时，等电梯期间遇到一位中风的老人和妻子，他送了签名和祝福，老人开心到流泪。

有一位重庆人，也是张国荣的歌迷，在酒店的电梯中巧遇张国荣，便拉着他一起去吃重庆火锅。张国荣当时想吃却不敢吃，重庆火锅对他来说太辣了，两个人相谈甚欢。后来这位歌迷去香港的时候，还到张国荣家中做客，妻子儿女也都认识了张国荣，他们曾一起去日本游玩。认识久了，张国荣也学会了重庆话，打电话给重庆歌迷都是用重庆话问好。

一位歌迷写了一封长信，请朋友转交张国荣的经纪人陈淑芬，希望这封信能够辗转交到张国荣的手中。这是很多荣迷都想做的事情，但是大家都知道张国荣很忙，收到的信件很多，所以都是抱着试试看的心态。两个星期后，这个歌迷在信箱中收到了来自香港的信，看到张国荣的名字时，他简直不敢相信这是真的。信中另附了三张张国荣的照片，上面还有歌迷的名字。

张国荣的演唱会上，有时他会走进观众席和粉丝握手，很多时候因为粉丝太激动了，拉着他的手不放，演唱会结束后他才发现，手被太多人大力拉得肿起来。有人问他："我看你的演唱会，坐在第一排，看到你和歌迷握手，手都流血了，你没事吗？"张国荣笑着回答："那只是皮外伤，很快便好了，女歌迷们实在太热情，握手的时候容易被她们的指甲抓伤，这已经算小事，我差点连鞋子也被扯掉。"

粉丝爱张国荣，张国荣也爱他的歌迷们。

不仅中国香港的民众喜欢张国荣，1989年12月，张国荣当选韩国MBC电视台颁发的亚洲十大最受欢迎艺人第一名。太多韩国人喜欢他的《英雄本色》和主题曲《当年情》。

张国荣33岁生日后的一天，召开了一场记者招待会，记者们都知道这是为演唱会而开，对于每年都在红馆开演唱会的张国荣来说，这已经不算特别的大新闻了。到达现场后，记者们看到一个挂起来的横幅，应该就是今天的主题，但是少见的是横幅被遮挡起来了。

上面写着什么呢？记者们不禁感到奇怪。没人能想到，张国荣即将宣布一个让无数荣迷心碎的决定。

33场演唱会告别歌坛

1989年9月18日，在记者招待会上，张国荣身着笔挺的西装，缓步走向台前，那里是丝巾罩住的横幅。没人看到他的手在颤抖，大家更关注的是丝巾后面是什么。只见他轻轻拉住丝巾的一角，随着丝巾的坠落，上面赫然写着“张国荣告别乐坛演唱会”，全场哗然，惊叹声和快门声此起彼伏。

张国荣诚恳地对大家说，过往他在乐坛已经创造了很多纪录，完成了很多难成的心愿。给电视台拍音乐电影，他是歌星中的第一人，并且收视率也创最高纪录。明明是无线的签约歌手，还能在亚视上亮相，连“亚洲小姐竞选”也请张国荣当嘉宾，同时在两家竞争中的电视台上镜，这是艺人莫大的荣幸。

张国荣说，这一次退出，没有对手。他很欣赏山口百惠，能够在事业高峰的时候隐退，可以让所有人都记得她最好的一面，他希望自己也能如此。他淡笑着说了很多，看似不动声色，只有他自己知道内心的动荡。在场的记者无不惊讶于他的急流勇退，只有陈淑芬和陈少宝面上没有讶异的神情。

张国荣有退出的想法已经很久了。近五年的时间中，他一直深陷谭张争霸的泥潭中，身上背负太多的压力。1985年歌曲*Monica*对战歌曲《爱在深秋》，1985年《不羁的风》对战《爱情陷阱》，1986年《有谁共鸣》对战《无言感激》，1987年《倩女幽魂》对战《墙上的肖像》，1988年《无需要太多》对战《水中花》，1989年《侧面》对战《情义两心知》……无需刻意，他们被时势强推站在对决的境地，即便谭咏麟宣布不再参与竞争也没有止战。这一次，张国荣选择真正地退出，希望把最本质的音乐和那些美好都留在舞台上。

张国荣多次和陈淑芬提过想要退隐歌坛，半年前和唱片公司经理陈少宝提出退隐。陈少宝没想到他真的会走，两个人一起力劝不遂，只能珍惜这最后一程音乐之路了。

记者会结束之后，张国荣在后台和陈少宝聊天。“掀开丝巾的时候，你看到我的手在抖吗？”陈少宝看着张国荣眼圈都红了，不忍说破他的佯装镇定，也希望打破这种沉重的气氛。“你平常就连喝咖啡也会手抖啊！”陈少宝嬉笑着把话说过去了。

接下来的日子，“张国荣退出乐坛”的消息飞遍了中国香港、内地，以及世界各地，各种媒体报道铺天盖地。对于张国荣的歌迷、影迷来说，这是多么让人心碎的决定，他们简直不愿意相信这是真的。

陈少宝、陈淑芬的团队全力支持张国荣，为他的音乐生涯做“最后冲刺”。演唱会原定23场，门票公开发售3天就全部卖完，在歌迷的强烈要求之下，加场从23场一直加到了33场，这是香港歌手个唱的新高。其实按照演唱会的火爆程度，加到50场是没什么疑问的，但是张国荣说自己刚好33岁，加到33场这个数字刚好，一岁代表一场更有纪念价值。

告别演唱会即将开始之际，张国荣的新唱片*Final Encounter*推出，这是告别歌坛前的最后一张唱片，其珍贵程度可想而知。红色的封面，张国荣身穿西服，手拿麦克风，坐在台上，一束灯光打在他的身上，FINAL ENCOUNTER金色的字母环绕着他，霸气而豁达。

1989年12月21日至1990年1月22日，香港红磡体育馆一连33晚“张国荣告别歌坛演唱会”连番上演，无数荣迷到场观看，更有无数圈内好友到场，徐克、周润发、王祖贤、罗文、成龙、陈宝珠、陈慧娴、李嘉欣等，共同见证张国荣最后的音乐生涯。

开场音乐是《风再起时》，一身黑色斗篷内敛风华的张国荣出场了，他一边唱着《为你钟情》，一边升上舞台。

三个小时，一首首经典歌曲献上，热情的快歌、美妙的情歌、低沉的慢歌，歌声中满满都是真诚。曾经，在张国荣第一场演唱会上，黎小田弹琴伴他一起唱歌，随后跟着他一起满场飞。这一次，他们重现那一幕，张国荣坐在钢琴旁边，仿佛时间轮回，从哪里开始，在哪里结束。

唱过《从零开始》，他和大家聊了一会儿。

“我知道自己说话比唱歌没条理很多，常常舌头打结，有时候会得罪人，不过因为这次是我的告别演唱会，我应该对所有中意我的歌迷，或者朋友做一个交代。

“13年前，一个刻意的机会，我进入了娱乐圈……我很肯学，也承认低微，我把当时大红大紫的歌星唱片都拿来听，许冠杰、林子祥、关正杰、罗文都是我学习的对象……终于等到郑国江先生，他填了一首《风继续吹》给我唱，从那时起我的事业出现了曙光，《不羁的风》、*Moncia*、《为你钟情》、《当年情》，令我在乐坛站稳脚跟。

“谢谢三位朋友，他们是我音乐路途中很重要的人物。

“第一位是黎小田，你们不要以为他长得像加菲猫似的，很会搞笑，每次做起事来，都很认真，我记得当初录音的时候，常被他骂得狗血淋头，我特别邀请他来分享我的快乐……

“第二位是陈小宝，他在我加入新艺宝唱片公司后，给我很大的自由，不论在精神上或工作上，所以我才会有这么多我自己喜爱及你们追捧的唱片和歌曲。

“第三位，也是最后一位，也是最重要的，就是每天晚上坐在控制台上，和我共患难的经理人陈淑芬，别看她个子小小的，其实她的魄力比男人都要好。我记得从华星一直到现在，我们俩每趟都能化险为夷，一直一起在默默努力，向上游，所以我才可以在这里开33场演唱会，全靠她！当然，可以做成这个演唱会，也全靠在座的朋友，你们给我的支持，我不会忘记你们的，多谢！”

《风继续吹》是张国荣的成名曲，唱到这首歌的时候，他终于忍不住流下眼泪：“心里极渴望，希望留下伴着你……心里亦有泪，不愿流泪望着你，过去多少快乐记忆，何妨与你一起去追……”歌词中的情景和他心中此时的感受交融，他的泪珠串串滑落，台下的歌迷在大声喊着：“Leslie，不要哭！”他走进观众席，和大家握手，收下他们送上的鲜花。

张国荣说：“我在乐坛里曾挨过苦，但是我得到的始终比失去的多。我扪心自问，在这13年里，我所做的一切也都问心无愧，来得安去也写意。”

最后的封麦仪式，舞台中间升起一个麦克风架，歌迷们在台下狂喊：“不要走！”张国荣缓缓走上前去，最后环视了一会儿四周，举起仿若千斤的麦克风，放到架子上，回身向后台走去，离开前又不舍地看了一眼才继续向前走，身形隐入一片光华之中。

往事历历在目，却也在时刻提醒着人们，再多感慨，也难以阻止这一去不复返的结局。

再见了，音乐，还有最可爱的歌迷。感恩这一场音乐的相遇，或许缺憾才是一种完美。道别吧，那些歌唱的日子，或曾光芒万丈，或曾披荆斩棘，都将暂时封藏。

艺术自有其生命历程，而且没有哪个生命，
能够长过艺术。

烟火

桀骜不羁正当红

Part 6

荣升影帝的角色竟是渣男

《阿飞正传》是张国荣在筹备告别歌坛演唱会时就定好的片约，原计划在演唱会开始之前拍好，谁知因为剧本一改再改而迟迟没有拍摄。

张国荣退隐歌坛后，没有留在香港，而是远赴加拿大，过着半休隐的生活。张国荣借这段时间读书充电，在温哥华深居简出。唯一让张国荣难过的是佣人六姐的去世。因为六姐年事已高，张国荣就依照她的愿望给她买了一栋房子养老，但是年过古稀的老人没住多久就病逝了。

虽然张国荣告别了歌坛，但是幸好这一次告别并不是再也不见，喜欢他的歌迷们还是可以在电影中继续看到他，他会以新的形象再次立足，歌迷也都转成影迷。

《阿飞正传》直到1990年年初才预备拍摄，张国荣被导演王家卫一个电话召回。

也许因为退隐的生活太舒服了，王家卫见到他的时候，看到的是整整胖了“一圈”的张国荣。周旋在女人间的浪荡子可不会是这么胖的，为了演好这个角色，减肥就提上了日程，每天游泳、健身加上控制饮食，他迅速地把体重减回去了。

片子看起来很流畅，但是拍摄的时候，却没有这么简单。张国荣和张曼玉的一场戏，一共重拍了47次，这是他从影之后的最高纪录，而最后导演说可以了，他和张曼玉还都很迷茫。剪辑后，观众只看到几个镜头，深绿色的房间，情事后的旭仔，随意咬弄着丽珍细弱的手指，眼神空洞而忧郁。丽珍是真的爱上了这个男人，而旭仔明显没有。

1990年12月15日，《阿飞正传》开始上映。这部片子刚好赶在临近圣诞节的时候上映，实在是一个失算的决定，毕竟在这么欢乐的节日前后，大家都没兴趣看这么闷的片子。原本投资人邓光荣非常相信王家卫，因为之前王家卫的《旺角卡门》非常成功，可惜这一次失算了，耗资4000万港元的片子，票房惨淡，幸好越往后越受欢迎。

《阿飞正传》是梦碎了的故事，是无脚鸟的故事。旭仔就是无脚鸟阿飞，阿飞其名是指千千万万如旭仔般的渣男、浪荡子，影片最后出现的梁朝伟就是另一个阿飞，永远在飞，也永远潇洒迷人。他们都爱而不得，得到不懂珍惜。他们想要抓住自己想要的事物，但是又无能为力，只能佯装不在乎地游戏人间。他们可以是我们每一个人，每个人曾经在现实的打击下破碎的梦，每个人跌落谷底绝望的心。

虽然片子太过艰涩难懂，好多人看不进去、看不懂，但是这种电影风格和张国荣的精彩表演却得到了业界的认可，影片横扫了金像奖的各大奖项，最佳影片、最佳导演、最佳男主角、最佳摄影、最佳美术等，大部分奖项都被这部片子的主创人员拿到了。

张国荣演技在这部片子中有了一个新的提高，他也没料到自己会以这样一个“渣男”的形象荣登影帝。《阿飞正传》播出之后，业界反响很好，媒体纷纷预言他会是新一届影帝。张国荣此时在加拿大念书，他担心千里迢迢赶回去，如果没有得奖会很尴尬，而得奖也容易被人说是内定了，所以就以学业繁忙为由没有回去。

没想到最终得奖的真的是他，三次金像奖最佳男主角提名之后，这一次他终于得偿所愿，可惜人不在场未能亲自领奖，奖杯只能由周润发代为领取了。

雌雄同体演绎深情戏子

电影《霸王别姬》是根据李碧华的同名长篇小说改编的，据说李碧华在进行剧本改编时，想着的就是张国荣。所以，可以说是为张国荣量身定制的。李碧华在20世纪80年代就开始建议他出演程蝶衣，一直没有实现。直到张国荣告别歌坛后，才接下这个片约。此时剧本已经到了导演陈凯歌的手中。

陈凯歌初次见到张国荣，心中还略有些迟疑，因为张国荣说的是粤语，也没有接触过京剧。陈导给张国荣讲了讲戏，张国荣没有插话，一直很用心在听。陈导说完的时候，张国荣就说了一句话："感谢您给我讲这个故事，我就是程蝶衣。"

电影《霸王别姬》围绕两位京剧伶人半个世纪的悲欢离合，展现了对传统文化、人的生存状态及人性的思考与领悟。张国荣饰演戏子程蝶衣，张丰毅饰演师哥段小楼，而巩俐饰演妓女菊仙，后来她嫁给了段小楼。

张国荣扮演的程蝶衣阴柔妩媚，这个角色的塑造工程是巨大的，英挺的眉毛被修剪成秀美的形状，胡须每天都要剃两次，为了程蝶衣的婀娜身段，他再次减肥，走路姿势也一改之前的大大咧咧。

《霸王别姬》这出戏是梅兰芳先生所创，为了演好虞姬，张国荣把《梅兰芳舞台生活四十年》也寻来看，了解京剧人士的戏曲人生，他还特意去梅兰芳的墓园祭拜，不谈迷信，只说这是对老艺术家的尊重。

程蝶衣爱戏如命，但他更爱的是他师哥，可此时段小楼却爱上了妓女菊仙。“就让我跟你好好唱一辈子戏不行吗……说的是一辈子，差一年、一个月、一天、一个时辰，都不算一辈子！”程蝶衣认为师哥背叛了他，在段小楼和菊仙的定亲夜，程蝶衣和师兄决裂，并且接受了袁四爷的邀约。

张国荣在参演这部戏之前，从来没有学过戏。他表演《贵妃醉酒》中的那一幕，“醉步”和俯身的“卧鱼”都灵动自然、一气呵成，他没有找替身，都是自己演。为了演好这部戏，他专门拜国家京剧院的张曼玲老师学习，每天早上早起给自己增加压腿练习的时间，就连发烧39℃

多也没有停过。对于专业的戏剧演员来说，“卧鱼”三分钟都是绝活，而张国荣却做到了。据说张国荣在表演这一段的时候，扮演高力士的演员听说他是香港演员并且没有学过戏，非常惊讶，起了惜才结交之意。

张国荣的表演越来越精彩，他整个人仿佛都融进了程蝶衣这个角色。

影片快结束的时候，霸王和虞姬最后一次合演，程蝶衣在唱完最后一句后，拔出段小楼手中的宝剑自刎了。从头到尾，只有段小楼把演戏当成是谋生手段，他曾背弃蝶衣，也曾放弃京戏。婊子有情，戏子有义，那个无情失义的，反而是霸王，他一直是那个最先妥协的人。战士战死沙场，名伶死于舞台间。

电影杀青那一晚，张国荣请全剧组的人一起吃饭，他不仅喝醉了，还在席间流了泪。张丰毅和巩俐都说：“以后还有相聚的机会，何必喝这么多呢？”他只说：“以后再相聚，也没有这份心情了。”

1993年1月1日，电影《霸王别姬》正式上映。这个故事给观众的感觉是震撼的，经历了末代皇朝、混乱的民国、抗日战争、中华人民共和国成立、“文化大革命”……程蝶衣在历史中活成一首诗，是在波澜壮阔中华丽凄美的史诗。

在这部影片中，张国荣把自身和戏中人合二为一，他扮演的角色也重叠了他的个人形象，这是表演的最高境界，也让片子成了他的纪念碑。上映当年，影片就荣获了戛纳电影金棕榈大奖，并且是唯一一部同时获得戛纳电影金棕榈大奖、美国金球奖最佳外语片的华语电影。导演陈凯歌也曾感慨：“没有张国荣就没有《霸王别姬》。”

程蝶衣，当张国荣创造出他时起，就已经成为永恒的艺术。艺术自有其生命历程，而且没有哪个生命，能够长过艺术。

武侠世界是中国人的精神世界

今时今日，中国人为什么仍对“武侠”情有独钟？因为江湖恩怨、忠孝恩义、爱恨情仇都在其中，武侠世界，就是中国人的精神世界。

梁羽生先生是中国武侠小说名家，和金庸、古龙、温瑞安并称为中国武侠小说四大宗师。《白发魔女传》是梁羽生作品中最出名的一部，张国荣和林青霞的主演让这部作品名气更盛。这部作品讲述的是武当弟子卓一航恋上了邪魔妖女练霓裳，两人的恋情波折重重，最后卓一航误会练霓裳，终酿成悲剧的故事。

起初电影定的女主是杨紫琼，还为她编了很多武打戏份，但她因故没能出演，女主换为林青霞。林青霞一听到和张国荣一起演就满口答应了，他们是多年的朋友。导演于仁泰为了更好地塑造角色，重金聘请日本服装设计师和田惠美设计造型。试装的时候，张国荣看着狼女的装扮脱口而出："姐姐你好靓啊！"林青霞随口就回道："哥哥你也好靓啊！"剧组的人也都跟着这般喊了，据说这就是"哥哥"称呼的由来。

《白发魔女传》上映后，不仅在中国叫座，在海外市场也很受欢迎，于仁泰导演立刻筹备拍摄续集。但是此时张国荣正在陕西沙漠中的《东邪西毒》剧组，王家卫导演的风格从《阿飞正传》大家就能体会了，为了追求艺术性，拍摄速度比"蜗牛"还慢。王家卫的很多作品，常常让人觉得看不懂。但是不可否认，这部片子的艺术性得到了很高的认可，片子也不断被人翻出来看，每次看也都能给人新的东西。而主演张国荣凭借片中欧阳锋的角色，在"香港电影评论学会大奖"中当选"最佳男主角"。

因为档期问题，在《白发魔女传》续集中，张国荣和林青霞不是主角，但是电影给两个人安排的结局很好。优昙奇花终于开了，卓一航带着花来找白发魔女，被刺到浑身伤痕也都情愿。"霓裳，无论我做错什么，我只要你知道，我不是存心负你。"当他托着那朵花递给她的时候，练霓裳终于解开了心结。

十年未见，练霓裳还是那么简单，她的爱凛冽也炽烈。头发是什么样子，只有爱人才会在意。

再也不能从头来过

王家卫导演的电影，都是极具个人风格色彩的，电影《春光乍泄》依然如此。

王家卫成名后曾经在访谈中说，在他的片子没人看好的时候，张国荣就对他说：“你继续拍这样的电影，一定会赔得很惨，但如果你要找我演，什么时候我都愿意。”

《春光乍泄》最初选定刘德华和黄耀明，后来因为一些缘由才换成现在的组合。在电影中，张国荣饰演何宝荣，梁朝伟饰演黎耀辉，他们是一对友人，为了有新的开始，他们怀着美丽的梦想（去看南美洲大瀑布）离开香港来到阿根廷，却在布宜诺斯艾利斯迷了路。黎耀辉想安下心来过日子，无奈何宝荣于夜夜笙歌中放纵着自己的生命，以期找寻更多的刺激，只当黎耀辉是他受伤后的港湾。两人的分歧、争吵越来越多，心的距离越来越远。黎耀辉明白过去的日子不可能复返时，决定离开何宝荣，而正是在他离开后，绝望的意味才在何宝荣的脑海中完整地浮现。

1997年5月30日，《春光乍泄》正式上映，影片取得了极大的成功。王家卫实现了同性恋题材的突破，拿到了戛纳的最佳导演奖。而梁朝伟角色更讨喜些，他还凭借这个角色拿到了金像奖。只有张国荣，人们看这部电影，会反过来把何宝荣当成张国荣，当成是演员的本色出演。影评人说："他本身就是同志啊，演起来当然得心应手。"张国荣道："那以前我跟那么多女演员拍电影，为甚没有拿奖？"

试想一下，如果何宝荣换一个人来演，也许还是一个好故事，但是绝对不会有这么大影响力。因为剧情的设定，更多的人喜欢梁朝伟扮演的黎耀辉，而实际上更惹人怜爱的是张国荣扮演的何宝荣。黎耀辉已经回到了香港，放下心魔，寻根问祖，何宝荣怎么办？除去爱情什么都没有的人，他怎么办？年少不懂情，读懂已非少年。

还记得他在电影中哭的时候吗？蜷缩的身子，抱着被子，这是极度缺乏安全感的表现。

还记得他翻找护照时看到的红盒子吗？他找到护照却没拿出来，因为这也不是真的吵架理由。

还记得他把家里翻得乱七八糟吗？不过是想得到注意，他在一遍又一遍地确认爱，就连他吵着说分手，也是如此。

时间不语，却说明了一切。

见微知著，他才是那个真正放不下的人，可是再也不能从头来过。

革命战士的红色浪漫

历史书上，有很多名人都留下了他们辉煌的故事，那些大人物引领历史潮流，难免被立场不同的目光粉饰或丑化，反而是那些身处其中的无名英雄，更能体现人间真实。《红色恋人》就是这样一个故事。

拍摄革命年代的故事，反而用一位美国医生的视角，明明是一部中国的片子，英文对白竟有百分之八十之多。导演是叶挺将军的后人，主演张国荣是香港演员，女主角梅婷是内地新人，更有俄罗斯回国博士、加拿大留学生等电影制作人员。影片的阵仗非比寻常，处处都是话题和争议，因此电影还未上映，就已经引起了一大波关注。

红色题材都是非常严肃的，而香港电影推崇娱乐至上，对于用张国荣来饰演一名共产党人，很多人都持有怀疑态度，还好他没有让大家失望，甚至远远超出了大家的预期。在《泰坦尼克号》席卷过后，《红色恋人》的出现，是国产电影对战好莱坞大片的守卫战，也是外国人了解真实的中国和中国革命者的一个窗口。

张国荣2000年日本巡回演唱会上，大屏幕播放了《红色恋人》的剪辑片段，正是他在演讲的情形："此刻，正有一群顽强的战士，不屈不挠地坚持着他们的信念，他们的理想，他们的主义，他们的名字叫——"场下的日本歌迷们竟然异口同声地喊出了汉语的"红军"！

作为一个国际巨星，张国荣用自己的方式表达对祖国的热爱，不遗余力地宣传自己的祖国，也让世界人民看到中国人、中国共产党人的本色。

张国荣饰演的共产党人，不是土里土气的"泥腿子"形象，而是受过良好教育的旧社会文人，素衣长袍干净利落，和朋友相处幽默诙谐，谈及理想时才是严肃而充满着必胜的信心。这才是老一辈革命家们年轻时候的风范，不仅让国人喜欢，更颠覆了外国人对于中国共产党人的不实想象，因此张国荣也收获了很多外国影迷的喜欢。

勇于突破，随时有归零的魄力，有打碎自己重组的信心，面对未知毫不畏惧，敢于再次踏上征途，才会有更广阔的星辰大海。

青云

天下谁人不识君

Part 7

重启歌坛星路

1995年，张国荣签约台湾滚石唱片，重启歌坛星路，掌声与雷声相偕而至。

同年6月9日，在台北西华饭店的宴会厅，张国荣复出并加盟滚石的新闻发布会在这里举行，来自中国港澳台以及其他国家的媒体记者蜂拥而至，这是华人乃至世界轰动娱乐圈的头条新闻。有人说张国荣既然退出歌坛了，现在这是出尔反尔，还有人说他在自己打自己嘴巴，而更多的人感叹他终于又可以开个唱了。

舆论沸腾，质疑声和粉丝欢呼声此起彼伏，张国荣早已做好迎接的准备。有归零时刻，自然有重启之日。从1989年到1995年，在告别歌坛6年之后，张国荣再次起航。初心又起，热血犹在，再赴歌坛，谱写新的篇章。

那一天，热闹非凡，新闻发布会现场布置得非常感性、暖心，蓝色的背景板上印着乐谱，新闻会的标题是《永浴乐河——张国荣正式加盟滚石唱片亚洲记者会》。

滚石唱片公司，是中国台湾的唱片公司，1980年由段钟沂和段钟潭兄弟二人共同创立，这是台湾第一家唱片公司，也是当时亚洲最大的独立唱片公司。滚石唱片的第一位签约歌手是潘越云，后来罗大佑、李宗盛、成龙、周华健、齐秦、赵传、辛晓琪、林忆莲、莫文蔚、王菲、梁静茹、刘若英等都曾经效力滚石，从这个阵容就可以看出这家唱片公司实力有多强了。

张国荣一身白衣，在镁光灯和音乐声中走向台前，刚以一曲《领悟》成名的辛晓琪上前向他献一捧鲜花。她将会在新专辑中和张国荣合唱新歌。对于张国荣的加入，辛晓琪非常高兴，他们认识一年多了，她也是张国荣点名说要合作唱歌的，辛晓琪日后在各种节目中多次提到，张国荣是自己的“蓝颜知己”。

张国荣伸手接过鲜花，笑容灿烂地面对大家，此时他已年近不惑，褪去原有的青涩，变得成熟稳重。为了重启歌坛之路，张国荣特意穿了一身白色西服，和当年告别演唱会上的最后一身衣服一样，寓意这一段断裂的时空隔空联结。

滚石老总也走上台前，他送给张国荣一份特殊的礼物，三块专门定制的纪念版手表嵌在一个巨大的圆盘上，上面有黑泽明、艾慕杜华、罗伯特·奥特曼三位导演的电影图片设计。

发布会上，唱片公司还颇费心思地设计了这样的一幕，张国荣和滚石老总一起拿着长剑切蛋糕。剑，是中国古代的武器，当年退隐之时，是为藏锋入鞘；而今三尺青锋出鞘，寓意困囿在张国荣心间的屏障被一剑破开，剑出心定，歌坛的跌宕起伏将再次续写。

切过蛋糕，合影拍照，随后便是记者们最期待、工作人员最紧张的自由提问环节了，虽然早就和记者朋友们打好招呼，不要问感情问题，但是在中国台湾，这一点是很难保证的。

此时张国荣的普通话已经非常好了，在发布会上的发言都是普通话。他首先对于记者提出的他违背承诺、选择复出做出解释。张国荣说："我是反悔了，但这并非自打嘴巴。6年前我毅然退出乐坛，当时并非做戏，而是真的这么想。但随着岁月的流逝、年纪的成熟，我的心路历程已经改变了，想法与当年不同。而且，在这几年间，我时时都在想着唱歌，不过，多数时间是关在房中自己唱，有时也会在朋友的派对上唱；我实在是非常喜欢唱歌。现在，我做回我自己喜欢做的事情有什么不对？"他认为做事情最重要的是和自己交代，不用多想别人的看法。重拾话筒，这只是他想做的事情。

他还说："我以前做事很紧张，尤其是见到人多时，我便会惊慌失措。但现在我不会这样了。可能今天我追求的东西已不再相同。我是性情中人，不会为了别人而改变自己。滚石唱片的条件很好，简直太有诱惑力了，要推拒掉是很难的。我想做一个音乐人，而不是靠脸来卖歌，滚石能满足我这个要求，这是主要的原因。"

此次签约滚石，张国荣和公司明文约定了，不做广告宣传，也不会参与打榜、比排行等，而且每张专辑10首歌，MV的数量不超过3支。"我只想好好唱歌，不想让电视台、电台买账，也不会角逐音乐奖项。因为那些奖项的政治因素太多，何况我领过的奖也太多了。"他的确有这个底气提要求，只要人站到行业的巅峰，那就有自己决定规则的自由。

张国荣一直是心直口快的性子，此前有香港记者指责张国荣，因为他口无遮拦地说过一句："现在的歌手都不会唱歌，我不复出不行啊！"这本是一句戏言，但是还有记者揪住不放。"不过是玩笑话罢了，我的复出不会伤害到任何人。"张国荣沉着应付。

工作人员一直担心的话题还是被提出来了："你在《金枝玉叶》里有一句台词，说不管是男是女，只要喜欢就好。在现实中，你的爱情观又是怎样的？"所有人都分外紧张，因为张国荣为了保护个人隐私，只要有人提类似问题就生气地走了，大家都怕他扬长而去。"感情的事情我不谈，You just think what you think。身为艺人，我只要大家听我的歌、看我的戏，其他的都不重要。”

在《金枝玉叶》中，张国荣饰演音乐人顾家明，袁咏仪饰演寒门之女林子颖，刘嘉玲则演当红女歌星玫瑰。顾家明和玫瑰本是恋人，素有金童玉女之称，不过从他们的日常相处可以看出貌合神离，他们并不合适。女扮男装的林子颖阴错阳差地成为签约艺人，顾家明在和林子颖相处中，竟然不知不觉地喜欢上了这个“少年”。顾家明终于明白爱情来了是没办法的事情，没办法骗别人、更没办法骗自己，于是才有了那句“男也好，女也好，我只知道我爱你”。幸好，幸好林子颖是女人，故事的结局皆大欢喜。

对于袁咏仪，张国荣之前并不认识她，但是这个小姑娘和张国荣还有些特别的“往事”，袁咏仪念书时起就是铁杆的荣迷，在80年代张国荣开演唱会的时候就去看，曾有一次太激动了以至在现场直接晕倒了，还被抬去医院。

当被问及和张国荣一起演戏的经历时，她坦言自己非常紧张。“当然紧张，怎能不紧张，他那样的前辈……”由此可见张国荣在演艺圈已经是“大神级别”的存在。

复出对于张国荣来说非常冒险，这是一个巨大的挑战，因为如果唱片销量不好，他面对的将会是四面八方的非议，所以他这一决定真的很任性，但也真的很勇敢。

勇于突破，随时有归零的魄力，有打碎自己重组的信心，面对未知毫不畏惧，敢于再次踏上征途，才会有更广阔的星辰大海。

继续宠爱

1995年7月7日，滚石唱片公司发行张国荣复出后的第一张专辑，专辑名为《宠爱张国荣》，这张专辑果然没有在媒体宣传，但上市即大卖，歌迷们在不知专辑中有什么歌曲的情况下依然买单。它在全球发售累计突破了200万张，在香港1995年公布的全年唱片销量榜上位居榜首。

宠爱，是张国荣对歌迷的宠爱，亦是歌迷对张国荣的宠爱。专辑封面照上，张国荣一身白衣，笑靥恬淡、眼神迷离，华贵而浪漫，“宠爱张国荣”几个大字上是一行小字文案——戏王张国荣最宠爱的6部从影代表作，歌王张国荣最值得你宠爱的10首主题曲。

《宠爱张国荣》中收录的有张国荣出道以来的4首经典电影歌曲，

电影《霸王别姬》中的《当爱已成往事》，电影《阿飞正传》中的《何去何从之阿飞正传》，电影《白发魔女传》中的《红颜白发》，电影《金枝玉叶》的主题曲《今生今世》，以及和辛晓琪合唱的歌曲《深情相拥》《眉来眼去》，还有4首张国荣亲自作曲的歌。

歌曲《深情相拥》的MV中，张国荣穿着一身白衣在迷宫中现身，和辛晓琪在找寻彼此。MV导演是杜可风，画面拍得极其唯美浪漫，张国荣如白马王子般站在辛晓琪旁边，这首歌曲调也悠扬暖心。在歌曲《当爱已成往事》MV中，剪辑穿插了很多电影《霸王别姬》的镜头。张国荣在水中旋身站起，仿若程蝶衣复活，他歌声哀怨绵绵，他在水中也尽是颓然凄美。跟李宗盛和林忆莲版本的跌宕起伏之感不同，这里他孤身一人悠悠吟唱，更多表达的是独自疗伤的感受。

这复出后的第一张专辑，将他前一阶段的影视片中的金曲汇聚，同时也将那些经典形象强化，虽略有保守，但依然受到了万千歌迷的宠爱，非常具有收藏价值。

1996年，张国荣复出后的第二张专辑正在筹备创作，专辑的作词人是林夕，作曲、编曲是香港著名作曲家江志仁（C.Y.Kong）。

很多后来的“天王”“天后”都曾说过要感激的人是林夕，因为是林夕的词让他们越来越红，而林夕则说自己要感谢的人是张国荣，因为在林夕最初还没什么名气的时候，张国荣主动约他写歌。1987年张国荣的那首《无须要太多》就是由林夕作词，之后他们一直私交甚笃。这一次张国荣复出，林夕非常高兴，他们又可以一起做音乐了，新专辑《红》中的所有歌曲都是由林夕填词的。

江志仁在和张国荣的共同创作中，不仅自己为新歌作曲，还帮助张国荣完善作曲。张国荣不是科班出身，也不会对着五线谱谱曲，但他是从心里喜欢唱歌的，有时哼着哼着就哼成曲调，这个时候他就打电话给C.Y.Kong哼给他听，C.Y.Kong再帮他记下来完成谱曲。《红》中的很多歌都是由他编曲、谱曲。

张国荣、林夕、C.Y.Kong这个黄金三角成立后，他们一起创作了无数佳作——张国荣韵味十足的嗓音，C.Y.Kong的迷幻配曲，林夕写到极致的歌词。专辑的美术指导请奚仲文担任，他设计了一个大红色的封套，封面照中，张国荣不是以往的优雅白马王子风格，而是给人迷离梦幻的感觉。

“红”这个名字是张国荣自己定的，专辑中的歌曲《红》也是由他亲自谱曲。红是火焰的颜色，炙热撩人，一直是他最喜欢的颜色。林夕将张国荣内心的独白都写入了歌词中。

红/像年华盛放的气焰/红/像斜阳渐远的纪念/是你与我纷飞的那副笑脸/如你与我掌心的生命伏线/也像红尘泛过一样明艳/心

花正乱坠/猛火里睡/若染上了未尝便醉/那份热度从来未退/你是最绝色的伤口/或许/红/像蔷薇任性的结局/红/像唇上滴血般怨毒/在晦暗里漆黑中那个美梦/从镜里看不到的一份阵痛/你像红尘掠过一样沉重

这首《红》创作非常大胆，艳丽诱人有之，激情骇人亦有之，听的人会觉得，那每一声低沉的红，都存着一份色诱，在张国荣的演绎之下，红成了一种听得见的画面。

此时张国荣已经出道近20年了，在他早期的表演中，需要迎合市场的审美和主流价值观，比如*Monica*风格的歌曲，他的桀骜不驯都是在一般的社会规则之内。90年代，社会思潮更为开放，张国荣复出之后，开始以更为激烈的方式展示真实的自我，他不想再去迎合任何东西。

歌曲《红》的MV也拍摄得极致妖艳，后来被电视台删减了很多，再后来就看不到了。他的初衷是想要做得更艺术、更有故事性。《红》MV的结束，刚好是另一首《偷情》的开始。一个为前篇，另一个为后篇。MV女主角是莫文蔚，他们的演出尺度是比较大的。

张国荣和莫文蔚两个人在很多年前就认识，但是熟识还是在共同出演电影《色情男女》时。电影《色情男女》上映的时候，是张国荣复出歌坛的第二年，他的风头正劲。这部落魄小导演的小成本片子没有得到太多普通人的关注，但是却在金像奖上出尽风头，最佳导演、最佳影片、最佳男主角、最佳男配角、最佳女配角、最佳原创电影歌曲等全部都有提名，这是张国荣第六次入围金像奖影帝了。

1996年11月26日，滚石唱片发行张国荣新专辑《红》，获得香港唱片销量大奖、本地白金唱片大奖。专辑大卖，复出后的演唱会也提上了日程。

歌迷的宠爱依然如初，张国荣的复出，绝不仅仅是消费过去、延续过去，新的征程中，他有许多新奇和美好要呈现给大家，那是无人企及、独一无二的精彩表演。

难忘那一场跨越97

1996年已经接近尾声，即将迎来全新的1997年。正值香港回归祖国之际，对于内地国人和港人，都无疑是一个让人热泪盈眶的时刻。对于张国荣来说，这场演唱会也是重启歌坛之路的一个重要节点，全新的时代即将开启，新的乐章开始续写。

演唱会的主题很快确定为“张国荣跨越97演唱会”，原本预定举办16场，后来增开到23场。随着时代的发展，演唱会也在科技的加持下越来越好看了，灯光更迷幻，音响音质也更为通透。

1996年12月12日，张国荣演唱会重启，吸引了无数荣迷观看，入场的歌迷在倒计时声中热情地大喊“Leslie”。开幕时，舞台中间巨大的玻璃金字塔被缓缓掀起，张国荣身着羽毛曳地大衣，妖娆地在舞台中间傲然挺立，一只手举着超大羽毛装饰的红色面具，另一只手搭在舞者的肩头，舞者身穿豹子服，乖巧地蹲在他身畔，张国荣气场全开，仿若君临天下的王。

金字塔被掀开后，他将手中的面具交给豹男，歌迷们再次近距离看到心心念念的偶像后，现场就沸腾起来。张国荣开始唱《风再起时》，这首歌让众人刹那间被拉回了1989年的演唱会，当年他就是唱了这首歌之后告别歌坛的，如今再次起航，还是选了这首歌做开场。

风再起时/寂静夜深中想到你对我支持/再听见欢呼声里在泣诉我谢意/今晚再遇见/仍是有一丝暖意/仍没有一丝悔意

这一次他是笑着唱的，还把其中“虽已告别了”改唱为“今晚再遇见”，他的气场更胜从前，他是舞台的王者。

唱完这一段开场，他开始和大家互动：“你们真幸运可以买到今天的门票，保证今晚也好像前20场一样，每一晚都会做到最精彩、最好的状况、最正的张国荣给你们看，好不好？如果大家问我会唱到什么时候，我会答是今生今世！” 于是下一首歌曲，张国荣就唱了《今生今世》。

张国荣脱掉了那件羽毛大衣，里边是一套非常闪亮的西服，系着红色的领带，内搭性感的透视装。他还孩子气地问大家：“闪不闪啊？正不正？”接下来是几首动感舞曲《恋爱交叉》、《打开信箱》、《蓝色忧郁》、《黑色午夜》、*Monica*等，歌声绕梁，这一次他尽情地唱了个痛快，每个眼神动作都展示着自己的魅力，迷倒万千歌迷。

在拍摄电影《霸王别姬》时，张国荣曾跟随戏曲名家张曼玲老师学唱戏，还在戏中结缘了一群戏校的孩子，这一次演唱会，他便请他们也来耍一耍。京剧特有的音乐声响起，一群小猴子挺身亮相移步上台，他们画着京剧的脸谱，鼓气唱了几句《垓下歌》：“力拔山兮气盖世，时不利兮骓不逝。骓不逝兮可奈何！虞兮虞兮奈若何！”随后又变换队形翻了几个跟头。两个小演员在台上坐下，张国荣再次出场，在二胡的伴奏下演唱了《啼笑因缘》和《当爱已成往事》的串烧歌。

唱到《偷情》那首歌，张国荣竟然穿着浴袍出场，这是前所未见地开了演唱会先河。迷幻的舞台上，他的歌声妩媚，身姿诱人，他错步站到出风口上，追光下黑丝浴袍随风而起，性感的曲线若隐若现，充满了男性之美。“比引火更吸引，摩擦一刹火光比星光更迷人，比得到了的都着紧，比暗恋更黑暗，比挂心睡不安枕但上瘾，等不可预计的余音……”他抬手拉了拉衣襟，胸口竟文了蔷薇匕首，魅惑人心。他随手散开衣襟，俯身躺到椅上，这让歌迷们更加尖叫声不断。

歌曲《红》的伴奏响起，张国荣在烟雾中显露身形，一身闪亮的黑西装，白色的衬衫，脚上赫然是一双红艳的高跟鞋。他的歌声响起：

“红，像蔷薇任性的结局，红，像唇上滴血般怨毒，在晦暗里漆黑中那个美梦……”他在一众黑衣男伴舞的簇拥下走出，抬手间似是旦角的兰花指般妩媚，高跟鞋让他挺拔的身姿中添了一丝婀娜。暧昧的节奏中，他和男伴舞一起跳着探戈，那舞步曼妙调情，他们时而贴身，时而旋转，极尽挑逗。如一出起承转合的舞台剧，张国荣将雌雄至美融于一身，为观众带来了全新的视觉冲击力。

在1997年1月4日那一场演唱会上，张国荣鼓起勇气表明心声。这一晚，他穿着一身正式的西服，先是对观众鞠了一躬，诚恳地对歌迷朋友们表达谢意：“谢谢所有一直以来支持我的歌迷，让我能重返舞台。今晚是一个非常例外的晚上，我多唱几首好吗？”虽然不知有什么例外，但是歌迷们当然是热情地说“好啦”。

“唱这首歌之前，我希望大家能认真听我接下来要说的这番话。为什么呢？其实我并不是一个非常孝顺的孩子，因为我从出道到现在唱了十几年的歌了，在此期间，我也办过好多场演唱会，而每一次，妈妈都会到场分享我的快乐。但是，过去我并没有认真地为她唱过一首歌，今天我妈妈也来了现场。”

又一束追光亮起，照向一位穿红褐色衣服的老人，她在观众席上向大家挥手致意。“妈妈，今晚我要送一首歌给你听！”歌迷们也不遗余力地把掌声献给妈妈，原以为张国荣会开始唱下一首歌了，但是他停顿了一下，又开始说："同时，这首歌我也要献给我生命中好重要的一位朋友，那就是你的干儿子。在我最失意的时候，经济最潦倒的时候，他可以把好几个月的薪水都借给我，让我能渡过这个难关。他当然就是我的好朋友唐先生！在此，我要唱一首歌，送给我这两位挚爱的朋友与亲人。"

随着伴奏声响起，是一首《月亮代表我的心》。张国荣一直觉得自己对于爱人是有所亏欠的，这一次他在世人面前隆重地表达谢意，也希望他的歌迷朋友们能接受他有一个不一样的爱人，无论刚才说得多隐晦谨慎，当他唱出那些盈满爱意的歌词，也没人不懂了。

你问我爱你有多深/我爱你有几分/我的爱也真/我的情也真/月亮代表我的心……

演唱会结束后，张国荣再次站到了舆论的风口浪尖。性感透明的紧身服、魅惑高跟鞋和撩人的浴袍，这些演唱会的造型是前所未有的大胆和前卫，不仅在当年引起了轩然大波，即便今天有很多人也不能接受。

张国荣很委屈："我只想做一些未做过的东西给你们看，但有些所谓的卫道士又说我……"破旧立新，有人不喜欢，自然也有人喜欢，张国荣迎来了更多的荣迷，许多青少年迷弟、迷妹也加入他身后成为追星一族。

当时的张国荣或许不被大众所理解，但未来终有一天会被理解。

《Leslie的所有》写真集

对于现在的艺人来说，拍写真不过是家常便饭的事，但张国荣的一生之中只拍过两次写真集，这让他的写真集更为珍贵。

1998年秋天，日本的志摩千岁女士在机缘巧合之下结识张国荣，他们是在朋友的朋友介绍下认识的。第一次见面，他们约在香港港丽酒店的咖啡厅，张国荣非常准时。志摩千岁记得，那天他还点了一份咖喱鸡饭，吃得畅快。此时张国荣虽然已经过了40岁，但是还像是不到30岁的人，时光好像特别眷顾他。

两个人很快谈到了写真集的事情，张国荣拿出一本10年前的写真集《纯影集》给志摩千岁看。那时候的张国荣更年轻有活力，是在退出歌坛前拍的，算是一种纪念。很多出版社都曾经向张国荣提出拍摄写真集的建议，但是都被他拒绝了。张国荣说："十年过去了，我母亲刚刚去世，而你刚好提起出版写真集的事，又是我十分尊敬的好朋友介绍来的，所以我觉得这真是某种缘分。”他把这件事当成重新开始一个新的自我的纪念。

新的写真集定名为《Leslie的所有》，拍摄和采访的计划定为3个星期，因为同时期张国荣还要拍电影《流星雨》，所以又增拍了剧照。按计划要拍一组他在家休息的照片，起初他是不同意的，但拍了几天后他又同意了。

张国荣家在九龙站附近高级住宅区，附近都是富豪的私家地，邻居有刘德华、徐克、莫文蔚等名人。张国荣养了一只名叫Bingo的狗，家里有司机和两名佣人。其实这所房子，他在两年后也会搬走，因为他特别喜欢搬家。

为了更加贴近生活，拍摄时特意选择了他在卧室起床和到洗手间洗漱的场景，拍着拍着发现他在床上的样子太好看了，那些被歌迷称为“小猫一般的Leslie”就是这样拍出来的，无须刻意摆拍，一切自然而然反而最好。

中午的时候，张国荣还热情地邀请大家留下来吃饭。“做一点简单的午饭一起吃吧，就是平常家里常吃的家常便饭，不介意吧。”张国荣也和佣人一起去了厨房。一个小时后，饭菜齐备，让志摩千岁记忆深刻的是鸡肉和干贝煮的粥，因为太鲜美了，她喝了好几碗。张国荣见了很高兴，还说这个粥是他的拿手美食之一。

写真集中的张国荣，前半本是留着胡子的，后半本则刮掉了，这还有些典故。志摩千岁见到张国荣的时候，他是留着胡子的，并且坚持要留着胡子，每次志摩千岁问他为什么，他总说“成熟嘛”“我喜欢啊”“性感啦”，直到拍摄过半，张国荣才把胡子刮掉，这给志摩千岁一个惊喜。原来他在《流星雨》的片中是留胡子的，为了剧中形象，只能把留胡子的场景都拍完了才能刮掉。

1999年2月，志摩千岁带着写真集的出片打样再次赴港。这次约在老牌的香港酒店见面，张国荣十分随意地拎着车钥匙来到咖啡厅，他笑容可掬。志摩千岁把写真集递给他，他还四处望了望才专心地看起来。整本写真集的服装都是爱马仕和吉尔·桑达，只有封面那张红色的衬衫是他的私服。正在看着的时候，身后突然传来：“哇，真漂亮！”原来是服务生过来了，而张国荣竟然脸红了，做了20年的明星竟然害羞了。因为约会被打断，张国荣就说明天晚上拿到我家里看吧。第二天晚上到张国荣家的时候，200多张写真依次摆在地板上，张国荣、唐先生以及一些朋友一起看，只见他时而微笑，时而害羞，时而咋舌。

写真集原本预定4月23日公开出售，然而香港有一家书店竟然4月8日就提前开始发售了，原来他们自付运费把写真集改成空运了。第二天，一波未平一波又起，香港《太阳报》私自把写真集中张国荣在床上的照片都转载了，并且还把张国荣和唐鹤德的关系写成“终身的爱人”。

这些事情让张国荣非常恼火，他气愤地说：“以后我再也不接受香港媒体的采访了。再也不跟他们合作。就算举办签名会也不会有什么像样的报道出来，香港的签名会干脆取消。再也不在香港搞任何活动了。我受够了！实在是受够了！”大家都劝他不要生气，签名会是为歌迷准备的，不该把怒气转到签名会上，总算是哄好了他。

日本的签名会前一天，张国荣坐飞机抵达成田机场，进港大厅的通道被潮水一样的歌迷围堵，还是保安协助着挤出来，后出来的唐先生反而不慌不忙，粉丝也不好意思挤过去。去酒店的路上还有跟踪的车辆，他们很麻烦才甩掉。

同年4月17日签名会当天，早上6点钟就有超过千人聚集在现场——八重洲图书中心东京国际会议中心分店。为了见到张国荣，很多粉丝前一天就没回家睡觉。计划给1000名粉丝签名，张国荣也不知道自己能不能签完。当粉丝们看到张国荣的时候，现场立刻就不一样了，大家既紧张又兴奋。开始的时候，张国荣还是精力十足的，微笑挥毫，到后来他回到休息室的时候，瘫在椅子上半天动不了。回酒店休整一番之后，几个人一起去银座吃了日本有名的天妇罗。张国荣和唐鹤德在日本休息了几天后才回香港。

4月24日，香港签名会在Page One书店举行，碰巧刘德华新产品促销活动也在同一栋楼里，当天这里挤满了两家粉丝。在这边的签名会很顺利，有专门的大楼保安人员在维持队伍秩序，非常轻松。每当签完名字，他都会和对方握握手或者应对方要求合张影。现场拒绝媒体人士进入，记者们只能在落地玻璃窗外往里拍照。

对于这次的写真集拍摄和签售，张国荣都很满意。“完成得非常好啊，是一本很不错的写真集。我很喜欢哦！”他还对下一本写真也有了初步想法。

“这个感觉像是为日本粉丝做的入门篇或者叫初级篇。我想不能就此结束，还想再继续做中级篇、高级篇。比如中级篇就可以把旅行啊个人爱好啊之类的作为主题；高级篇就全部在摄影棚里拍摄，做一本完全彻底的前卫派写真集。”

这里提到的中级篇，在两年后成功拍摄出来，那本写真集名为《庆》，全部是在中国内地取景拍摄，封面是迎风招展的红旗。张国荣在前言中写道：“红旗飘荡，国泰民安。”这第二本专辑从名称到内容，都表达出了张国荣对于祖国的热爱，而高级篇却迟迟没有消息，再后来，不等拍摄，斯人已逝，终成志摩千岁的一件憾事。

从天使到魔鬼的存在

2000年，万众期待的“张国荣热情演唱会”盛大开幕。中文名中的“热”是指快歌、劲舞，而“情”是指慢歌、情歌，英文名字“Passion Tour”，意为激情之旅。

第一幕开场，舞台四周轻纱笼罩，光华若云雾流动，一束顶光照下，张国荣在舞台中间显露身形，朦胧中可以看到他身穿白衣，肩后有天使翅膀，这一身装扮刚好点题他要唱的歌曲《梦死醉生》。

当云飘浮半公分/是梦中的一生/你共我摩擦得天摇地撼/不开心再睡到开心/当留在唇上说话/像在嘴边拈花/爱是阔是窄都不用代价/分与合都不用惊怕……

轻纱起，人影现，张国荣仿若天使降临人间一般，他开始唱第二首歌曲《寂寞有害》。这次的演唱会灯光设计得非常出彩，开场就营造出了华美而迷幻的效果，令人目眩神迷。

一曲毕，一瞬间的暗场过后，张国荣将天使白衣脱掉，只穿了里边的无袖紧身衣，非常性感诱惑，他开始唱《不要爱他》，身后有一众辣妹舞者。这一幕似乎是表现他陷入七情六欲。唱到《爱慕》时，他抬手将头发散开，多了一丝女性的感觉。场上的一切，无一不是精心设计的，就像是舞台剧，一幕连着一幕。

第二幕是热恋的转折，他先唱了一曲《侬本多情》。此时他换上一身透视装，满身镶嵌着亮片，腕上的镯子好像禁锢着他，脸上贴的一颗钻石仿若泪痣。这场演唱会的装扮都是由法国服装设计师Jean Paul Gaultier 设计的，他在业内非常有名。麦当娜那件尖锥形的内衣就是他设计的，他还是爱马仕的设计总监。

人是多面的，《侧面》是你只看到的一面，而《放荡》是堕落的开始，天使不知所措，也不知该去何方。《你在何地》是天使之问，这些曲目连在一起仿佛意味深长。

第三幕，天使来到人间，欢快地唱了一曲老歌*American Pie*。他上身穿了一件黑纱透视装，下身是一件贝壳拼接长裙，光着脚在舞台上走。虽然装束有些女气，但是他的胡须还在，男性特质和女性特质始终融合。

《春夏秋冬》正是人生四季，《路过蜻蜓》表现的是对爱不在乎。

第四幕，张国荣一身闪亮西装登场，唱一曲失恋情歌《无心睡眠》。他开始转变，西服换成了金属渐变色，他找到了爱情，唱着《我的心里只有你没有他》《热情的沙漠》。爱情越近越容易滋生矛盾，那首《枕头》便预示两个人起争执了，《左右手》是纠结，是面临的选择。

……

从热情演唱会第一场过后，张国荣又开始登上各大媒体头版头条。有人说他扮女人，认为女装癖是有心理问题；还有人说他是“基佬”等。面对这些质疑和争议，张国荣非常不开心。

2000年，张国荣在热情演唱会上的造型，有裙子、长长的黑直发、紧身衣、透视装、维密感觉的翅膀装。可以理解为从天使到魔鬼，这些都是由张国荣一个人来演绎的，这就是人，人本身就是有神性的。这个人是模糊了性别的，甚至超越了物种，你可以把他看作人，也可以看作神或者魔鬼，都是存在本身。

从《霸王别姬》中的程蝶衣，到1997年演唱会上的《红》，张国荣只是把雌雄同体的美展现出来了，他是歌手，是演员，也是当之无愧的艺术家，一位走在潮流前沿的艺术家，他创造着无数的经典。

张国荣的演唱会是超越时代的，他颠覆了大众对演唱会的审美认知，这不单是一场演唱会，同时还是自己独特价值观的诠释：“每个人都有自由，去选择自己的生活。”

至真至诚之人，永远不会被遗忘。那些美好和善意会被铭记于心，更会遵循能量守恒定律，随时光流转而生生不息。

归去

巨星的陨落

Part 6

至真至诚

温柔体贴、待人真诚，是很多人对张国荣的评价。

1999年，张柏芝与张国荣认识的时候，还是个19岁刚出道的新人，履历只有《喜剧之王》这一部电影。当时他们一起拍音乐电影《左右情缘》，张柏芝还会手忙脚乱，想不起台词，一个镜头重拍多次，张国荣就耐心地教她走位，教她怎么演戏。在张柏芝眼中，哥哥是“神一样的人物”。

2002年，张柏芝在慈善表演飞车的时候发生意外，脊骨受到创伤，上身打石膏躺在床上，医生说如果不好好养护，可能会有瘫痪的风险。

张国荣到医院去看她，看着动也不能动的姑娘很心疼，摘下自己佩戴多年的护身符给她：“你要好好爱惜这个护身符，因为这个护身符是一直跟着我的，我把它给你了。”“不要啦！”张柏芝一直婉拒，可是也不能起身。张国荣还是把护身符留下了。

后来，张柏芝总会边哭边想，是不是因为护身符离开他，他才会发生那个事情，这让她心里总是有个结。“所以那个东西，我一辈子会保管它，因为他真的很疼爱我，我一定非常珍惜它。”

黎明参加第五届新秀歌星大赛，获得了季军。对普通人来说这已经是很好的名次，但是好强的他觉得没有达到预期，心中一时有些黯然，便独自在角落坐着。这时候张国荣恰好看到了，便上前开解他。张国荣鼓励黎明不要灰心，告诉他机会还有很多，下次一定可以的。

张国荣是明星中第一个约黎明去唱歌的人，在此期间继续给他讲做人、做明星需要面对的一些问题，提点他一定要注意自己的穿着，包装自己，要下功夫练习唱歌技巧。可以说，张国荣非常善于发现其他艺人的潜质。黎明视张国荣为偶像和哥哥，在张国荣的鼓励下，黎明鼓起勇气正式进入娱乐圈发展。

张国荣还夸黎明的外形好，他笃定地说：“他如果做歌手一定特别讨女歌迷喜欢。”

出道后，唱歌走音是黎明面对的第一个问题，每次只要他在台上发生走音的失误，就立刻被媒体抓住小辫子大肆报道，还叫他“走音天王”。在一众骂声中，只有张国荣帮他回应道：“说黎明走音，我觉得好不公平，是你们这班人捧他出来的，个个都知道为什么，因为那时乐坛真空，捧他们出来做什么？就是为了那几个电视台、电台做演出时有人买票，对不对？他们又年轻，又要赶场，又要有一定的名气，哪个没走音？谁说唱歌是不会走音的？我想，是大家想得太完美。只要你们把要求降低一点，大家都会开心些。”

“乐坛真空”，是指谭咏麟和张国荣退出后，歌坛出现短暂的真空，新人也有了更多的机会。此时香港娱乐圈已有完整的造星机制，只要是公司看重的人选，捧谁就给谁的资源多，露脸的时间也就更多些，这也是为了公司的利益，至于给新人学习进步的时间，自然也就压缩了。后来，在张国荣的演唱会上，黎明还被张国荣拉上台合唱了一首《红颜白发》。

张国荣在TVB组织的晚会上曾表演过一支舞蹈，名叫《鸳鸯舞王》，在台上他一人分饰两角，左半边穿的是男子的西服、礼帽，右半边是短裙、黑丝袜、高跟鞋，肩头还有波浪的卷发头，有创意并且非常有趣。大家的目光都在他身上，并没人注意到旁边是未来的“四大天王”之一的郭富城。

晚会结束后，张国荣邀请郭富城一起吃饭，他们一起去了太子道的餐厅。那时候郭富城还是无名小卒，张国荣对他非常客气，处处招呼着他。郭富城的舞蹈功底很强，张国荣想签下他给自己做伴舞，可惜他已经和无线有合约。后来解约没有谈拢，他只能暂时作罢。张国荣还说：

“我觉得他和我有很多相似的地方。”

王杰是一个性格比较内向的人，和别的明星也没什么交往，只有一个明星对他释放过善意，那就是张国荣。谭张争霸时期，张国荣是如日中天的巨星，而王杰是个初出茅庐的小歌手，参加节目的时候，大家都抢占各种资源、位置。王杰是被排挤又不吱声的人。张国荣看到他在角落站着，就对他说：“你不能总是这么弱，否则没人知道你是谁。”随后让王杰跟他走，亲自把他推上舞台。每次有媒体拍照，他也会让王杰站在旁边。

后来王杰出名了，成名曲《一场游戏一场梦》。再后来，他的喉咙被毒哑了，只能在春风得意的时候退出歌坛。他曾在一档节目上提起张国荣，说：“一有人要欺负我的时候，他都会帮我说话。”如果哥哥还在，就没人敢欺负他了。

古天乐还是个“小混混”的时候，周围都是一群不务正业的朋友，没多久就惹祸上身，坐了22个月的牢。出狱后，古天乐以旁听生的身份进入TVB，也就是俗称的跑龙套的。张国荣就在一档节目中推荐他：“你们可以留意一个人，就是现在还很新，简直新到不知如何形容他，那个人叫古天乐。”很快，古天乐就得到机会拍摄《神雕侠侣》，这是他的成名作，那时候他还是比较白的。古天乐不怎么唱歌，如果需要唱歌的时候，他就唱张国荣的《当年情》。

张国荣发现新人古巨基的时候，非常认可他的才华，于是在节目中推荐他，还利用资源去帮他。所以张国荣离开很久后，古巨基还是会唱歌纪念他。知遇之恩，一生铭记。

赵文卓刚刚进入影视圈的时候，不太会演戏，张国荣就私下教他演戏，还亲自和他对戏，又把他引荐给梅艳芳，每次有机会露脸的时候，就喊他坐到旁边来。张国荣不在后，赵文卓在访谈中提到张国荣，几度哽咽。哥哥不在了，凡事都要靠本人了。

张卫健未成名时曾在酒吧唱歌，有一天他被解雇了，想起自己曾经有幸认识过张国荣，就打了电话，前几次都是保姆接的，终于有一次是本人接到了，听了他的情况，张国荣说："我明天有个晚宴，你愿意的话，可以和我一同过去。"第二天，张国荣果然把张卫健介绍给大家，还说这是他表弟，这也就是后来有人说他们是亲戚的原因。

做好自己，在有余力的时候，去帮助别人，看似简单，但其中也隐藏着太多对世界的善意吧。

至真至诚之人，永远不会被遗忘。那些美好和善意会被铭记于心，更会遵循能量守恒定律，随时光流转而生生不息。

圆一个导演梦

2000年，香港电台和香港吸烟与健康委员会预备联合投资拍摄一部公益短片《无烟草》，号召香港市民为健康戒烟。原本打算请张国荣来当演员，没想到张国荣一听这个事情，不仅直言愿意分文不取，还毛遂自荐地兼任导演、编剧。这部反吸烟主题的片子后来定名《烟飞烟灭》。

对于这个片子，张国荣非常重视，他从80年代开始就想要当导演了，这对他来说是一个很好的机会。原本连开十几场演唱会都没有减重的他，拍这么个28分钟小短片却一天天消瘦。担心这个、担心那个的，片子拍完竟然瘦了6斤。监制张之亮说他是紧张大师，因为这部片子晚上都睡不好。

开机当日，所有人员就位，唯独少了主演梅艳芳，工作人员告诉他说梅艳芳5分钟之后就到，张国荣调侃地说："她说5分钟，就是10分钟啦！"多年的老友还是很熟悉彼此的做派，梅艳芳是个"迟到大王"，在一起拍《胭脂扣》的时候就经常迟到，而且每次迟到的理由都是肚子疼。看着姗姗来迟的阿梅，张国荣说："你再说肚子疼，我就送给你两盒花塔糖吃吃。"阿梅也不生气，就在一旁赔笑脸。张国荣本人很守时，但也从不对别人这样严厉地说话，可见他们交情不一般，相处得像亲人一样。好在这个片子拍完之后，在张国荣的督促之下，梅艳芳改掉了迟到的坏习惯。

因为是公益片，而且还有张国荣这块金字招牌，吸引了众多演员的加入，叶德娴、毛舜筠，还有当时的新人偶像莫文蔚、王力宏、陈冠希、梁咏琪、容祖儿等。

虽然是第一次做导演，但是这些年拍过那么多戏，张国荣对片场太熟悉了。新晋的张导尽职尽责，每天都把拍摄工作安排得井井有条。按照计划每天拍6场戏，工作12个小时，他都准时开工和收工，绝不拖拉。为了让演员们休息好，如果到了吃饭时间没有拍完，他也不拖场，让大家先吃饭。每次拍完当天的戏，他都会提前去第二天要拍的地方踩点，并且计划好机位和拍摄顺序。片子拍摄得很顺利，用了5天就拍摄完毕。

剧情设定不复杂，影片开始是近景虚拍梅艳芳在吸烟，第一幕即开门见山。张国荣和梅艳芳在这部戏中饰演夫妻Lawrence和Gladys：一个是著名摄影师，琪琪饰演的大牌模特、莫文蔚饰演的歌星都在他那里拍照；另一个是明星经纪人，调教陈冠希饰演的新艺人、训导容祖儿扮演的明星，周旋各方媒体资源。两个人的工作都比较忙，工作强度也比较大，为了缓解压力总是烟不离手。

他们有一个儿子Chris，只有5岁，突然病倒进医院了。夫妇俩这才知道儿子患有隐藏性血癌，因为吸两个人的二手烟加速了发作。张国荣扮演父亲，会给儿子哼歌、挠背，还会哄他睡觉，温馨而慈爱。为了能给儿子骨髓移植，他满怀希望地躺在病床上抽血，这一幕是真的抽了一管鲜血，所以镜头没有切换。

Chris生病之前就有伏笔，张国荣曾发现儿子后背瘀青，随后在孩子出鼻血后送医院才确诊。劝导戒烟的话是由叶德娴饰演的医生顺势讲出，让影片区别于一般的强行灌输理念的公益片。“你们要戒烟，因为吸烟一定会影响健康，何况你们家现在有个病人，要他吸你们的二手烟，他的病情一定加深恶化。”

骨髓配对不成功，Chris只能接受化疗，夫妻俩也只能看着孩子遭罪，直到最后的时刻到了。医疗设备急促的嘀嘀声和医务人员的抢救声交织，急救室玻璃窗外梅艳芳撕心裂肺地哭喊到昏厥。张国荣看看儿子、再看看夫人，慌乱得不知所措。最终儿子还是彻底地离开了。

悲伤的父亲坐在医院的长椅上。为了拍摄这一段，张国荣喝了些酒。他沉浸在极度的悲哀中，对走到身边的王力宏视而不见，只是自言自语，说着说着就开始放声痛哭。据说他当时哭了很久，拍完了还在哭，剧组人员都吓得不敢出声。

最后一幕在墓地，鲜花、绿草、雕像，阳光下树影斑驳，静默的人群肃立，缓缓落下的小棺材，一抔黄土终了。片尾曲响起，是张国荣唱的《没有烟，总有花》。

游戏再好玩不过烧时间/拒绝有多难继续更加为难/神秘的火花亦迟早凋残/难习惯迟早惯……

片子后面还增加了一个主演们亲述心声的环节，每个人都讲述自己对于吸烟这个问题的体会：毛舜筠坦言青春期开始吸烟，因为怕别人不跟自己玩，后来是为了儿子才戒掉；容祖儿说自己不吸烟，还有减压不用非得吸烟，运动也可以；梁咏琪说试过觉得不喜欢，手也臭、衣服也臭、全身都臭……

越是这样说自身的真实故事，反而越让人引起共鸣。最后一个陈述心声的是张国荣："我以前一天要抽两包烟，直到我40岁生日前，在片场突然想起，送什么生日礼物给自己好呢？人最重要的是健康，所以从那时起，我开始送一个这样的礼物给自己，就是不吸烟，因为我知道，吸烟是有害的。”

2000年8月，张国荣受香港吸烟与健康委员会邀请，获得“全球华人不吸烟大使”称号。2000年9月26日，《烟飞烟灭》举行首映仪式。张国荣早早就嘱咐所有人穿漂亮一点，当天果然一片星光熠熠。第一次看到“张国荣作品”这行字幕时，张国荣眼眶立刻就湿润了，因为当导演是他心底的一个梦想。他说这是他第一个“baby”，他对未来满怀希望。

后来，当荣迷们看到“张国荣作品”这行字幕的时候，也会黯然神伤。因为这是张国荣导演的唯一一部作品，自此他再没有导演过影片。

《梦到内河》是由林夕填词，张国荣演唱的歌曲，发行于2001年3月21日。很多人认为这首歌是张国荣最有艺术价值的歌曲，因为这首歌中他最忠于自我、表现自我，而且MV也是由他自己出演和导演的。如果说《烟飞烟灭》是电影院中的温情戏，那么《梦到内河》就该是博物馆中的名画。

《梦到内河》的歌词如诗句般充满隐喻，非有心人不能明了。

自那日遗下我/我早化作磷火/湖畔上伴你的天鹅/但你为何还要/也许单手怕扼不死我/若要死这一刻正是/愉快/高峰/请给我更

这是一个人爱上另一个人，另一个人并不爱他，可是他难以放弃，身陷冷潭，心火煎熬，正是爱恨交织的痛苦。在MV中，舞者西岛千博是歌词中的人，而张国荣则是被爱上的那个人。

张国荣在拍摄这部MV时，借鉴了古希腊的神话故事，传说中纳西索斯是最美的男子，爱上自己水中的影子，却不知那是影子，入水求欢溺亡。

为了拍好这部MV，张国荣请的是日本芭蕾舞王子西岛千博，他们的合演也非常成功，只是片子上映后被禁，理由是“离奇”。

这部MV无论是视觉表达还是内涵深意都十分出色。这首歌是对自己坦诚，在虚幻之境中满是真情实感。

有时候艺术需要些自恋，艺术也需要一些想象力。

孤绝的枪王

张国荣演过数十部电影，各种类型应有尽有，很多片子反复拿奖，很多角色成为经典。《枪王》在这么多优秀影片中，仍然能够排在前几名，不是因为剧情，不是因为枪战，而是因为在这部片中，张国荣给大家奉上了殿堂级的完美演技。

电影讲述了四名特工和一宗走私案的污点证人在酒店同时被杀，阿苗经过追查推断出凶手是Rick，阿苗在Rick处搜出枪械，但Rick的女友替他顶了罪，Rick以每天杀一名警察作为威胁，要阿苗放人，于是两人通过一场在闹市中展开的射击比赛来决一死战的故事。

据说刚开始找张国荣拍这部片子的时候，是演枪手还是警察都随他意愿来选，大家以为他会选正面角色的警察，没想到他竟然选的是变态枪手。于是这部片的主演就定为张国荣饰演枪手彭奕行Rick，方中信饰演重案组高级督察苗志舜。

影片一开始，Rick在改装枪械，他给枪组装上各种零部件，把弹头装上火药，抬臂举起枪瞄准，凛然肃穆，每一步都很认真。在片子中张民光饰演警察Joe，他曾经是两届香港射击冠军，是现实中真正的枪王，除了要演好角色外，还负责教所有人用枪。张民光对“学生们”非常满意，最让他满意的是张国荣。

“哥哥非常有天分，悟性很高，不但形似，连感觉他都捉到，十足十真正枪手一样，真是专业。不过，我发觉其实哥哥绝对不喜欢暴力，他虽然学得好似，但他并不喜欢开枪。”

Rick是一个性格孤傲的人。女友的老同学，如今的警察吴云信来学枪，他虽然说自己做事不为任何人，但还是破例教了。杨正祥用Rick的改装枪射击死鸡时，Rick心中微震却不动声色，见他又要射活鸡时，便制止他说：“我改过的枪不见血。”

苗警官出场了，方中信的面容似乎天生带着一股正义敦厚的气质，和张国荣的亦正亦邪不同。苗警官也是用枪高手，他和Rick赛了一局，这是两个人的第一场交锋，预示着正邪的对峙。拍这部电影的时候，张国荣的身体状况不太好，体形消瘦些，但是看着并不憔悴，反而给人更为沉稳的感觉。和过分夸张的枪战片不同，真正的枪手持枪射击是没有太多花哨动作的。无论何种行业的大师，都是没有多余的动作的，一切都是行云流水刚刚好，正如张国荣的射击。

那一天，靶场因为有比赛，来了很多参赛选手和观众，就在Rick和苗警官比赛的时候，余警官突然发疯一般地开枪射向四周，他还喊着：“帮帮我啊！”Rick为了救有危险的女朋友射杀了余警官。这被迫的一枪让Rick第一次感受到杀戮的快感，内心的黑暗面被激发，从这一刻起他变了，人生轨迹也随之而变。

心理医生的开解没有起到任何作用，他流露了一丝不达眼底的笑意，Rick只在女朋友面前说出了真话：“其实有件事我没告诉医生，我知道自己杀了人，但是我很开心。”女友听了他的话，从惊诧、恐惧再到心疼、内疚，伸手环抱住了Rick。

三年之后，一名污点证人和保护他们的四名警员都被爆头了，苗警官带队查看杀人现场，血腥的现场繁而不乱，没有留下一丝线索，只有几个脚印。按照脚印分析，犯人应该身高在178厘米、体重160磅。这和Rick或者说张国荣出入很大，警员只能继续调查。

枪手杀人连开两枪，枪眼挨着形成一个8。这种高难度射击技术全香港也没有多少人能做到，于是警局把人都请回来调查，Rick也是其中之一。他放肆地对苗警官说：“从那天起，我才知道枪是用来杀人的。”而苗警官立刻反驳道：“枪不会杀人，是人杀人。”镜头用的是近距离的特写，Rick的表情是陶醉和回味的，似乎想到了自己杀人那一瞬间的快感，面目柔和而诡异，最后还露出一丝笑意，这是他内心对于枪和生命的真实理解。张国荣的演技开始飙升，眼神的运用尤其精彩，演出了那种视杀人为游戏的感觉，他对什么都不在乎。

苗警官问他："杀人究竟是什么感觉？"Rick便回答："我会给你机会试试。到时我怕你上瘾。"因为没有证据，无法将Rick逮捕，警官竟然想出诬陷Rick无辜女友的办法，这让Rick开始控制不住自己了。他的手指在颤动，瞄了眼旁边警员的手枪，似乎忍不住要动手，女友立刻出声制止，她再次被拘留在警局。

Rick说了一句："你会后悔！"转身离开了警局，他抬手叫了一辆计程车，动作都带着一股狠戾，仿佛手里拿的是枪。他的装扮不同了，眉毛淡了，眼中遍布红血丝，眼珠凸出。这一幕在街上拍的时候，四处都是群众，不时传来些窃窃私语声，"怎么张国荣真人这么难看？"如果心理素质不好都没法继续演了。

其实化妆化得出外在，而真正的神态是由内而外的，他眼中的阴毒也不是化妆能化出的。很多明星都不愿意拍这种有损形象的片子，张国荣却是为了剧情什么都可以的人。

在Rick家里的那场戏是很让人震惊的，他一个人在小小的房间中，对着镜子中的自己说话，仿佛分裂出了第二个人格。"我帮你啊……我帮你啊！"这句就是呼应当初他杀的第一个人，也是一个发疯的人，当时那个人嘴里喊的就是“帮帮我啊……帮帮我啊！”家里这个他才是真正的他，他也曾经拿着枪对着自己的脑袋，想要结束这变态的生命，可是还是失败了。

剧情没有交代过Rick的过去，不过早在张国荣的表演中全部表现出来了。

他说从没为别人做过什么，表明没有亲人和朋友需要他；他对着镜子要杀死自己，这是离群索居造成的心理阴影；女友用了三年才走进他的世界，所以他可以对女友说真话，也只在乎这一个人；他在女友被捕后的黑化，足见这是他唯一真爱；只有杀戮让他感到开心，可是这又是女友不让他做的。

张国荣在不知不觉间把Rick的性格、存在价值和内心诉求都表现出来了，这种动人心魄的表演堪称伟大。

剧中，当吴云信把枪对准Rick的时候，Rick不再是回枪爆头，而是虐杀般射向吴云信全身。女友看到老友死在眼前，崩溃地掉转Rick的枪口对着自己。Rick觉得被背叛了，自己的世界再也没有任何人，他又孤身一人。这是他最重要的爱人，如今也站在他的对立面了，他感到万念俱灰。

最后一幕，正邪对决，张国荣和方中信继续那场被打断的比赛，他们同时出手向对方开枪，他们都中了枪，谁胜谁负早就没有那么重要了，他们都是枪王，只不过因为是正邪的两面，不死不休。

很多人都说，张国荣饰演的变态杀手，让人心惊胆战，可又讨厌不起来。

无论张国荣演的是主角还是配角、正或邪，他都有本事用自己的表演让其他人成为他的配角，他的表演成就永恒的角色，赋予影片一个永恒的艺术生命。

异度空间心魔起

《异度空间》是哥哥最后一部电影作品，于2002年3月28日在中国香港上映。

电影《异度空间》是近十年内香港恐怖片的一部经典之作。影片以人本身为出发点，着重刻画人的内心世界，将人的压抑、潜在的渴望作为影片的情感宣泄。虽然影片有恐怖电影应该具有的所有要素，但是它更发人深省，真实反映了人在现实社会中的恐惧来源于无形的压力及无法排解的情感障碍。

影片讲述了章昕（林嘉欣饰）因经常看到灵异幻象，求助心理医师阿占（张国荣饰），在这一过程中两人产生了爱情。影片开始，模糊晃动的镜头和压抑不安的音乐，处处让人感到紧张。林嘉欣扮演的女主角章昕先出场，她预备租一间房子住。妙龄少女，一个人住，父母都远在澳大利亚，这样的身份让房东略有些惊愕，但也没有问太多。夜晚，女孩洗过澡，陷入各种莫名其妙的声音中，镜子中还有可怕的鬼魂在看着她，她很害怕。

张国荣在片中扮演的是一名专业的心理医生Jim，他在为大家做一场讲座。很多明星成名后，如果演医生、律师、建筑师之类的专业人士就很难，难在收敛自身明星气质和演出那种专家气质。张国荣的出场无疑是非常成功的，他专业医生的风范和学者的气息都拿捏得很好，风度翩翩地在台上、台下游走，传道、授业、解惑。

章昕总是给人阴郁的感觉，双肩紧张地缩着，刘海遮住大半的额头，眼神也畏畏缩缩的，从不敢跟人对视。章昕总是害怕，一到晚上就不得安宁，她的瑟缩由内而外，就算她没说什么，也能看出她有多害怕。

Jim的同事把老婆的表妹介绍给他，叮嘱他一定要见见，这个女孩就是章昕。

在Jim的办公室中，章昕表现得很抗拒和不相信医生，还说自己没有精神病，只是见鬼了，让Jim给她开点维生素就好。两个人聊了一会儿天，章昕带着她的“药”走了，路上打开才发现是一盒糖，似乎有些甜意在心中泛起。

Jim偷看了章昕的日记，因为这是能最快了解她病因的办法。章昕的问题，一个是原生家庭带给她的创伤，12岁时父母离婚，各自有了新家庭，她只能孤身一人；另一个是感情问题，章昕念书的时候有个男朋友，后来把她甩掉了。

章昕也是因为一个人生活久了，孤独害怕才产生幻觉。Jim找到她童年的创伤，开始积极地帮她破除幻想。因为是真心地关爱这个姑娘，反而渐渐走入了章昕的世界，真正了解了她，带她走出心结。两个人的感情，也在这个过程中渐渐升温。

原本是一个医生救治病人的故事，加上爱情，很快可以皆大欢喜，偏偏世事总不会尽如人意。张国荣扮演的Jim，在帮助章昕的同时也打开了自己尘封的记忆，那份记忆中也有他不能面对的人。

Jim也开始见鬼，幻象频生，双手在颤抖，神情无助又恐慌，他不再是那个讲台上气定神闲的讲师，也不再是那个游刃有余的精神科医生，当他压抑自己、电击自己时，是最让人心疼的一幕。医者难自医，他也成了病人。

Jim开始出现梦游的症状，这个情节不是原剧本中的情节，是张国荣自己想的，他一讲出来，大家都说这个提议非常符合角色设定。梦游的那一幕太揪心了，张国荣让自己完全沉浸在行尸走肉的状态中，眼神空洞不对焦，茫然没有一丝光彩，无论谁向他喊，他都听不到，只顾自己找东西。闹铃声响起，他立刻醒过来了，仿佛人间的一切都回来了，和大家说笑如常，完全不记得刚才自己做过什么。

他在又一次梦游的时候，终于找出了埋藏于心底的那段故事。原来他曾经有一个女朋友名叫小鱼，后来因为他跳楼自杀，并且是在他面前砸在了车上。这成了他不可碰触的痛，但是因为和章昕再次相爱，以及章昕同样也有过自杀的行为，让Jim再次想起这段记忆。随着章昕打开那个每天早上的叫醒闹钟，张国荣再次回到现实，他脑中全是曾经和小鱼的过往，他彻底崩溃了。

他痛苦地喊着："为什么我忽然之间记起了所有的事情！是她要我记起所有的事情！"他曾真爱小鱼，在小鱼决绝离世的时候，也没有实现追随相守的诺言，年少的他不能承受。

演戏，说是演，最厉害的该是人，是把自己就当成角色这个人。张国荣痛哭流涕，手足无措，甚至时而抽搐着，面部肌肉都在不正常地抖动着，这一幕尤其震撼。

影片结尾，Jim跑到小鱼离开的那个天台。"你终于令我回到这里来。我知道我该怎么做。你想我跳下去，你想我死……"在面对死亡的时候，Jim反而将早该对小鱼说的心里话说出来了。他们本是爱人，又怎么会舍得对方死呢？Jim真心告慰，而女鬼小鱼也释怀了，上前抱着Jim，前缘了尽。

此时赶来的章昕上前一步，伸手将Jim拉下天台，这是她此时的恋人，也是她将要牵手的未来。这个结尾跌宕起伏、动人心魄，这个结尾也皆大欢喜。关于前女友小鱼，有的人可以理解成真的有鬼女友在和Jim告别，后来心愿放下离开；有的人可以理解成那只是Jim自己的幻象，Jim真的走出业障，战胜心魔，或者说，是跟自己和解。

每个人都有过单车上的美好初恋，每个人也都有过孤单害怕的深夜，那些刻骨铭心事，又怎能真正忘记，那些旧恨心魔无心错，终有一日要坦诚面对。

虽然剧中的Jim撑过去了，可惜现实中的张国荣没有撑过去。

2002年，张国荣已经出道25年。他演过数十部电影，15部电视剧；他出过27张专辑，唱片销量近千万张；他在红馆的演唱会121场，在世界各地的演唱会也超过300场；他获得各种荣誉、奖项数不胜数。在所有人看来，他的才华和成就都趋近完美，但世事无常，就像盛放的玫瑰，越近完美，越近凋零。

张国荣有一个导演梦，之前他导演过MV，也导演过公益短片，他还要导演一部真正属于自己的电影，他对这件事抱有很高的期望。

新片的拍摄计划提上日程，《新龙门客栈》的编剧何冀平女士执笔写剧本，《白发魔女传》的日本服装设计师和田惠美担当造型师，《阿飞正传》的香港美术指导张叔平任艺术总监，来自台湾的摄影师李屏宾……整个团队，张国荣都找了行业顶尖的人才。

故事设定在20世纪40年代的青岛，是一个曲折的爱情故事。女主角是家教很严的大家闺秀，爱上了楼上新搬来的钢琴家，原以为是两情相悦，没想到钢琴家根本就是个骗子，可她已经深爱得无法自拔了。片名定为《偷心》，但是张国荣为了保持神秘感，初时就以“L作品”称呼，要求所有参与人员都不可泄露剧情和名字。

张国荣希望女主角由宁静来演，亲自飞到北京去给她讲戏，因为剧本此时还没有完成，只能口述。后来谈及片约，宁静还笑着说：“你给我，我就拿着，不给也行。”男主角这边，张国荣属意陈道明，但是本着严谨的态度，陈道明希望等剧本出来再敲定。

就在新片紧锣密鼓地进行时，张国荣的身体状况却越来越差。他开始出现胃酸倒流、胃痛，时常有幻听、幻视，接着就是失眠，即便睡着也总是噩梦连连。医生给出的诊断为抑郁症，这简直让他难以接受。

陈淑芬说：“你无法想象他多么希望自己好起来，他一直在看医生，他没有办法接受他有这个病的现实，因为他什么都有，现在选择自己喜欢的工作，怎么这样的一个人会有抑郁症呢？不可以想象的！别人都不会相信的，怎么可能呢？”

渐渐地，他的喉咙红肿，声带损伤，胃酸倒流不见好转，这让他不仅胃痛，连说话都越发沙哑，甚至不能发声了。对于张国荣的变化，媒体怎么会放过呢，全天不间断地跟踪拍摄，各种似是而非的猜测报道，《偷心》的拍摄计划也因为各种原因搁置了，谣言愈演愈烈。一个完美主义者，怎么能承受这些？一个抑郁症患者，更没法承受这些。

2002年11月的时候，他曾经自杀，但是没有成功。抑郁症扰乱了他对工作和生活的热情。到底是何时，抑郁症悄悄在他的体内萌发的呢？无人可知，只是，在病情最严重的时候，他甚至连水杯都拿不稳。林青霞约他看电影，却发现他直冒虚汗，握住他的手，更是发现他一直在颤抖。

他开始做一些让身边人心惊的事情，比如立遗嘱。他把遗产分给唐鹤德以及亲友，还有一部分捐献给慈善机构，对身边照顾他的佣人、司机也都做出妥善安排。他不提电影的拍摄计划了，也不接新的工作。他把更多的时间留给爱人和朋友，媒体多次拍到他和唐鹤德一起吃饭、游玩的照片，他光明正大地牵着唐的手，顶着舆论的压力，无惧他人异样的目光，更珍惜两个人在一起的时光。

陈淑芬说："他得病的时候自己并不知道，直到后来这个病就开始有了一些病态反应，好像手振啊，睡不着啊，出冷汗啊……哥哥一直都是很注重健康的，他自己本身也是一个不大抽烟、不喝酒、没有夜生活的人，那么健康的一个人为什么会突然出现很多不正常的现象呢？他就去看医生，所有专科医生都说他身体上是没有问题的，肝很好，心脏很好，什么都很好，他就很奇怪。”

陈淑芬曾认为，2000年演唱会媒体负面报道是罪魁祸首，带给他无尽的伤害，“他用心做得那么好，却受到了那么大的打击，‘贞子、扮女人……’”

舆论压力，健康问题，新作品还没拍摄就被泄密……在别人看不到的地方，他身心都在承受巨大的煎熬，他被那些无形的利刃折磨得痛苦难耐。

飞入永恒

好日子过得甜，也走得太快，几十年的时光也如转瞬之间。难过的日子，仿若刀割，人的里子面子都被割得不成样子，用不了多少时间，人就面目全非了。

很多事情都是早有预兆的，但只有回过头来追忆时才能发现。

2003年4月1日，这一天的愚人节，原本应该和过去的每一个愚人节一样，小朋友跟小伙伴做点恶作剧，成年人开些无伤大雅的玩笑，然后说一声："愚人节快乐！"大家一起乐呵一下，哈哈一笑也就过去了。可是，这一天却因为张国荣，多了一个特殊意义。

上午10:00的时候，张国荣给莫华炳打电话，约他一起吃中午饭。莫华炳是张国荣的设计师朋友，两个人约定了下午1:00在铜锣湾的一家名叫Fusion的餐厅见面，这家餐厅离莫华炳的办公地点不远。

下午，莫华炳准时来到餐厅，张国荣已经在那里等着他了，那天他穿深灰色T恤，外套一件浅灰色西服，看到莫华炳过去，还满怀关心地责备他出门怎么不戴口罩。那一年SARS病毒横行，口罩也是人手一个的。

随后，两个人点了餐，边吃边聊。张国荣吃了一份意大利面，看起来胃口还不错的样子。餐厅里有人认出了他，他微笑着点头致意，他总是这样绅士般温柔体贴。

虽然在外人眼中，他看起来一切如常，但是在莫华炳的眼中，他有些不对劲，手一直在抖，谈话的时候也多有消极。张国荣说早上开车出来，觉得自己好辛苦，想开快车撞了算了，但是想到已经约好一起吃午饭，就赶来赴约了。

莫华炳当时有点心惊，以为是个玩笑，于是便岔开话题，笑骂他“真傻，不要说这些”。莫华炳不知道，世上的玩笑，都是有真实成分的。

其实这不是两人第一次谈论死亡，张国荣过去就曾问过他：“如果你病得很严重，没有药医，你将会怎么解决呢？”当时莫华炳就笑答说吃安眠药，因为吃安眠药家人找到了还有得救。毕竟这种问话一般人听起来也不会当真，所以他答得也很随意。张国荣却很认真地想了想才说：“你错了，要死，最直接是跳楼。”

莫华炳听了连连摇头：“我和你都这么爱美，怎么可以做这样的事情？就像鸡蛋一样掉地上，万一不小心再砸到别人……我们这么爱美，还是睡床上吧，还有人来救，跳下来一片血肉可怎么办？”这件事虽然像玩笑一样说过就过去了，但是莫华炳还是感受到了张国荣内心的低落，于是经常和他联系，希望能多多开解他。

这次见面张国荣又提起后，莫华炳心中有些不安，于是主动说要陪他去美国看医生，还说美国不会有人知道这件事。张国荣回答：“现在是SARS高峰期，哪里都不能去的。”

两个人聊过之后，张国荣便开车送莫华炳回公司，一路都很顺利，但是下车的时候，张国荣突然说：“你不用再打电话给我。”这让莫华炳有点奇怪，他还是笑着回答说：“我才刚刚见完你，没必要打电话给你。”

两个人分开后，莫华炳还是觉得不对劲，于是给张国荣的大姐张绿萍打电话说明情况，大姐是6点多给他回电话的：“他在中环那边逛街呢，可能要买夏天衣服。我约他喝咖啡，他也说不用了，已经和陈淑芬约好见面了。”莫华炳总算是安心了，可惜两个人都不知道，张国荣心意已决，只是在安抚他们。

陈淑芬是下午给张国荣打电话的，起初他并没有接，于是她便留言：“Leslie，待会儿有空打给我。”

陈淑芬的电话响了，是张国荣打过来的。陈淑芬问他在哪，张国荣回答说在中环逛街，两个人聊了一会儿，多数时候都是陈淑芬在问，张国荣在答，最后在陈淑芬的坚持下，两个人约好在文华酒店见面。

陈淑芬上了一辆计程车去酒店，路上一直心神不宁地想着刚才的对话。因为张国荣说他在逛街，理由是“想趁这个机会好好看清楚香港”。陈淑芬一到酒店就开始找人，四处都没有看见张国荣，酒店服务员也说没看到他。

陈淑芬抓起电话就按了重拨键，电话接通的时候她感觉松了一口气，忙问他在什么位置呢，张国荣让她先喝茶，他随后就到，声音平静得和平时没有什么分别，只是冷了些。

陈淑芬在酒店的咖啡厅等了40分钟，才再次接到张国荣的来电：“你5分钟之后在酒店门口等我，在正门，然后我就会来了。”随后电话就挂了。于是，陈淑芬结账出门，此时已经快到6点半了，她便在门外等着。

天空飘着细雨，街上行人不多，城市一片灰蒙蒙的。

晚上6:41，“砰”！

陈淑芬听到一声巨响，顺着声音的方向看去，就见不远的酒店门口护栏处，一个黑影倒在地上，连护栏都被砸断了。起初陈淑芬以为是交通事故，因为旁边刚好有一辆巴士，她还让酒店服务员赶快叫救护车。但是随后她给张国荣打电话就没人接了，她的耳边忽然响起张国荣说的那句“然后我就会来了”。她觉得脑子有点蒙，感觉自己迈不动步子，没有办法走上前，直到救护车声音响起，她才跌跌撞撞地跟过去，直到医院，她才确认了那就是她要等的人。陈淑芬的眼泪流了下来，哑声喊出：“为什么……为什么你要我见到这种样子……”

终究是辜负了，该有多么决绝和绝望，才会选择纵身一跃。那些世俗的纷扰，那些不欲人知的伤痛，都摊在日光下。可他本就不是一个愿意苟活的人啊，他可是千人迷万人爱的张国荣啊……

他明知是错，却偏要行之，皆有因由。这个结局，该是他早就想好的。

很多不理解的人会说，再怎么样也不该舍弃生命啊？那是不懂他的苦。他才华横溢，演艺事业如日中天，可也正是巅峰时刻，才更有压力；他有不一样的伴侣，他要承受更多世俗异样的目光，更多不良媒体的恶语中伤；最让他不能接受的，是他难以自控的抑郁症，发起病来伤人伤己。

旁人看来只会说：“不是你的错，不必想太多。”心理医生也只能说不可思虑过重，但他是张国荣啊，他一直都是追求极致完美的。

从来都不存在什么感同身受，就算是用最大的努力去共情，也未必能体会。人与人之间的理解并不容易，未经他人苦，就不要轻易指责别人，如果不是走投无路，谁会舍弃宝贵的生命。在那之前，张国荣不知是花了多少时间，反复思考了多少遍，人人都能想到的劝解和安慰，他自己也早就想了无数遍，却依然没能开解自己，只得出离开才是一个最好的结局。

走下神坛，哥哥也只是血肉之躯的凡人而已。踏出这一步，终究是不能回去了。千般不舍，万般留恋，只留下一句“我从来没有做过坏事，为什么会这样”。

是不甘心的，也只能去做自己认为是对的事情，不论世人如何评说。

一颗耀眼的明星陨落，自此相隔，数不清的哭声在挽留，却难阻轮回之力。

他生前，最后一次出现在公开场合，是百事巨星的活动。当他站上舞台，不论哪家fans，都不由自主地为他喝彩，一下子全部成了他的fans。当他离别人世的消息铺天盖地而来时，闻者落泪，不知该如何是好。

人生悲喜消磨，众人皆踏光阴而行，行色匆匆，来不及互诉衷肠，只得将心事寄天涯。

微风浮动间，是哥哥在唱歌，光影交错间，是哥哥的回眸一笑。

风中的无脚鸟，飞入永恒。